monadshinsho

モナド新書 011

被差別部落の真実

創作された「部落の仕事と文化」イメージ

小早川明良

にんげん出版

monadshinsho

被差別部落の真実

創作された「部落の仕事と文化」イメージ——目次

1章

近代化がすすめば部落差別はなくなる?

1　部落問題とは

――そもそも、部落問題とはなんでしょうか。

部落問題とは、「部落民」とよばれる日本国民の約1%の人びとが、多数派からの差別に苦しむ社会的現象のこと。

被差別部落民が差別をうけるただひとつの理由は、日本列島に点在する6000ヶ所[註1]ともいわれる「部落」という特定の地域にうまれたか、あるいは、その地域にルーツをもつことによる。ただそれだけの理由で、忌避《きひ》され、異端《いたん》視《し》され、逸脱者《いつだつしゃ》におとしめられる。

顕著な例は、結婚や就職という人生の重大な岐路《きろ》にさいしてうける差別。就職に悲観し、結婚に反対され、若者が自死することもある。被差別部落民は、みずからの意思で出自をえらんだこともなく、みずからその社会的属性をかえることもできない。

政治家・野中広務《のなかひろむ》さん（2018年死去）は、官房長官にまで上りつめ、総理候補の一人と目されていた。しかし総裁選をひかえた自民党大会の前日、麻生太郎は「あんな部落出身者を日本の総理にはできないわなあ」と発言した（2001年、派閥「大勇会」の会合で）。

――野中さんは政界を引退する最後の自民党総務会で、みずから麻生に抗議・糾弾したことが、魚住昭《うおずみあきら》さんの『野中広務 差別と権力』〔＊1〕に書かれています。

野中さんは、出自によって、その政治的権力も制限されたわけだ。発言力も政治力もあり「影の総理」ともいわれた。この表現にも、一般的な意味とはべつに、被差別部落出身者の暗喩《メタファー》を感じる。

いっぽう、被差別部落民を忌避する側は、どのようにして部落民かを判断するのかといえば、それは不正な身元調査。

調査は、戸籍簿の閲覧や「聞き合わせ」などをおこなうもので、かつては地域社会に精通する人に情報をもらう「聞き合わせ」にたよっていたが、近ごろは、司法書士や行政書士ら、公的資格をもつ八士業（職務上、戸籍や住民票を請求できる）を介した闇《やみ》のビジネスとなっている。

部落差別は、今やりっぱな「商品」で、ここにも今日の差別の深刻さがあらわれている。

——調査業ビジネスは市場規模1200億円とされていますが、部落民を排除する意図でおこなわれる闇調査をふくめると、もっと巨額（6000億円説）だともいわれます。部落差別は現代社会の深層に息づいている。それはいったいなぜなのでしょうか？

そもそも部落差別は、江戸時代の身分制度「武士・平人・賤民」[註2]の賤民にたいする身分差別に由来するものですよね？

明治になって近代化の道をあゆみはじめた日本は、1871年のいわゆる「賤民廃止令《せんみんはいしれい》」によって、法制度上の差別をなくしました。にもかかわらず、差別意識が残っているということですか？

現代の部落差別は「前近代の古い意識が残ったもの」つまり観念、ではない

部落出身者との結婚に、一般地域の両親が反対するなど、差別は今日、厳然としてある。それはなぜかについて、あなたは「江戸時代の身分差別がいまに残っているのはなぜか？」と問いを立てているわけだが、そもそも、そこからしてまちがいですよ。

あなたがいうのは部落差別の封建遺制論《ほうけんいせいろん》とよばれていて、「江戸時代の封建的な差別が近代に残った」と思いこんでいる人は、かなり多いんだ。

わたしは、歴史を科学的・実証的に分析したうえで、現代の部落差別は近代に起きた現象だととらえている。


――近代に起きた現象、ですか？


そう、封建的な残滓《ざんし》のようにみえるだけ。

明治以降、政治・経済システムは一変、社会も劇的にかわった。幕藩体制が崩壊すると同時に人びとの移動が自由になった。土地に拘束《こうそく》されていた人びとが、日本全国のみならず世界に移動できるようになったのは、明治の近代になってから。

出自を調べる身元調査なんて、江戸時代にはなかったわけだよ。逆にいうと、現代は、人が自由に移動できる社会だからこそ、戸籍などを不正に調べるビジネスが跋扈《ばっこ》する。

6章でくわしく話すが、興信所・探偵業ビジネスは、近年さらにふえているんだ。

――被差別部落出身かどうかは見た目では判断できません。そもそもちがいがありませんから。ところが、部落出身者を忌避する側は、出生地などから調べようとする。ということは、やはり江戸時代の賤民身分のルーツをメルクマール（目印）にしているんじゃないですか？

わかっちゃいないな。あなたの主張だと、部落差別は〝血筋〟ということになってしまう。近世の賤民身分の子孫が、現代の被差別部落とそのままつながっているわけじゃない。それは幻想なんだよ（笑）。たとえば、我が家の系譜をさかのぼれば、近世の穢多身分になるけれども、「血縁的につながっている」から、わたしや家族が被差別部落民なのじゃない。近世の穢多や革田、非人身分ではなかった人たちも含めて、明治以降、近代被差別部落民として成立したわけだからね。近世の賤民制と近現代の部落差別は、まったくちがう。まあ、ここは〝開かれた問い〟としておこう。これからじっくり話していくよ。

＊註1　6千部落　1993年に政府が自治体を通じて把握した被差別部落は4533地区。調査をしていない自治体（東京都・富山県・石川県など調査に応じていない自治体も多い）、調査から漏れた部落、またコミュニティごと消滅した部落などをあわせると、全国の被差別部

落は約6000地区に上ると考えられ、「6千部落・3百万人」と象徴的に語られている。ただし、300万人は過大で、200万人前後が妥当と思われる。

＊註2　江戸時代の身分制度　かつては「士農工商、穢多・非人」といわれていたが、近世の身分制は「武士・平人・賤民」。平人は百姓・町人で、それを農・工・商にわけることはできない。百姓＝農民ではなく、さまざまな仕事をし、商品を生産していたので、百姓とよばれる。

2　「江戸時代の身分差別が近代に残った」のではない

部落差別をめぐる議論・3つの類型

ここで、現在の部落差別のとらえかたと、その撤廃をめぐる議論をみておこう。おおきくわけて、3つの類型になる。

第1の類型は、部落差別は厳然と存在し、深刻になっている。そのおもな要因は、国の法制度の不備や行政の予算をふくめた政策の怠慢《たいまん》にあるというもの。これは、1950年代以降の主張だ。

第2は、部落差別は深刻な状態にはなく、解消した、もしくは解消されつつあるとするとらえ方。いわゆる「国民融合論《こくみんゆうごうろん》」[註1]とか「解消論」といわれている。1970年中ごろから第1の類型を全面的に批判しながらでてきた主張が、これだ。

第3の類型は、1987年ごろに登場した。第1の類型の人たちが、国や地方自治体のアファーマティブアクション(積極的差別是正策)によって差別撤廃をめざしたのにたいして、この第3の類型の特徴は、部落解放運動の「あり方」が、差別解消にむけた政府の姿勢を弱めているという。

――「あり方」ってなんのことですか?

「あり方」とは、部落出身者が自力救済《じりききゅうさい》の権利として展開した差別者にたいする糾弾や、一部の不正行為(エセ同和行為など)のこと。

それが「差別される側」と「する側」、つまり被差別部落と一般地域のあいだに立ちはだかる障壁になっているという。そうした解放運動の「あり方」が、「両側から越えるべき」差別の壁をよりいっそう高くしていると主張する。これが「部落民以外は差別者」という排外主義的部落第一主義（＝「絶対的被差別部落出身者」）への批判としてあらわれた第３の類型だ。

わたしのかんがえをさきにいっておこう。

同和対策事業と差別規制の法律は必要だと思っているし、第１類型の運動に反対はしない。第２の「国民融合論」や第３の部落第一主義批判、「両側から越える」という主張には賛成できないし、誤っていると思っている。

だけどね、３つの主張のいずれも、ていどの差はあれ、「江戸時代の差別が近代以降に残った」「近代化がすすめば部落差別はなくなる」という認識がベースにあるのはおなじなんだ。

——明治政府はヨーロッパをお手本に近代化をすすめたけれど、家柄や身分差別といった旧来の社会関係や人間関係をなくすことはできなかったんじゃないですか。

近代の普遍的価値とされる「自由・人権・平等」が達成されるなかで部落差別も解消していくはず。にもかかわらず、就職差別や結婚差別がなくなりません。いったいどういうことなのか？　それがわからないんです。

あなたのとらえかたは、まあ、第1の類型だね。

たしかに部落問題でいえば、1965年の同和対策審議会答申[註2]によって、1969年に同和対策事業特別措置法が成立し、被差別部落を対象とした特別対策がとられた。

いっぽう、その答申を受け入れるか否かをめぐって、日本共産党と解放同盟が対立した（日本共産党は「答申」は部落大衆を飼い馴らす「毒まんじゅう」だから受け入れてはならないとした）。

その対立が深まるなか、1970年代にあらわれたのが、「すでに部落差別はなくなりつつある」とする第2の類型だ。

「部落差別はなくなりつつある。にもかかわらず解放同盟は『差別がある』として利権をむさぼろうとしている」というもの。この共産党系運動団体の「解消論」のベースにあるのが、「部落差別は前近代的な身分差別の残りかす」とするとらえかた。

だけどそれを突きつめていくと、「近代化がすすめばすすむほど差別はなくなっていく」ということにならざるをえない。

――たしかにそういう結論になってしまいますね。

「解消論」では「近代化がすすむにつれて部落差別は解消にむかい、『部落』も『部落民』もなくなっていく。今はわずかに残っているだけで、いずれは『国民融合』が達成される」ということになる。

――ふしぎですねえ。差別はなくなっていないじゃないですか?

ところがね、「差別は依然として厳しい」とする第1の主張も、「部落差別は封建制の名残りではない」というんだが、じゃあ今日の部落差別はなんなのか?については、「古い意識や諸関係を温存利用して再編した」としかいっていない。

つまり第1と第2の類型は、「差別が解消しているか、いないか」のちがいだけで、近現代の差別をうみだしているのはなにか?と問えば、どちらも「古い意識や旧態依然とした社会関係」というわけだ。

つまり現状認識に差があるだけで、ベースにおいてちがいはない。結局、「近代化がすすめば差別はなくなる」というドツボにはまってしまうんだよな。

部落差別が売り買いされる近代

だけど、「近代そのものが差別をつくりだしている」ことを見逃しちゃいけない。

部落差別は「江戸時代（前近代）の差別が残っている」ように表面上はみえているが、じつは「国民」が成立した近代社会のもとでおきている現象なんだ。

被差別部落民をあぶりだす闇《やみ》の調査業＝身元調査、あるいは有名人の出自を暴《あば》いてセンセーショナルに書き立てる読み物がビジネスになる、つまり差別が〈商品〉として売り買いされている。こんなことは近代社会でしか起きない現象だよ。

資本主義システムにおいては、ありとあらゆるものが商品となる。本来、商品にならない人間関係や人間をモノ〈商品〉としていく。

そのような社会で、部落差別身元調査も〈ビジネス商品〉として売り買いされている。それは資本主義という経済システムのなかでおきていることで、江戸時代の封建的な生産関係のもとにあった「穢多・非人」の身分制度とは、本質的にちがっている。

ルールも価値観も、封建体制から一変し、国民はひとしく平等とされる世の中で、部落差別がおきているわけだ。

人権をもとめていけば差別もなくなる？

――しかし、明治政府は1871年の「賤民廃止令」で部落差別をなくそうとしたじゃないですか？　でもできなかった。戦後の日本国憲法では、第14条を筆頭に、差別を許さず、基本的人権の厳守がうたわれています。

近代市民社会は自由と平等が原則。部落差別も、基本的人権の充実をもとめていくことで克服できるのではないですか？

寝言をいっちゃいけない。そもそも基本的人権が保障され、民主主義が達成された社会（世界）なんて、どこにありますか？

――フランス革命では「自由・平等・博愛」がうたわれています。

やれやれ、人権というと、みんなすぐフランス革命をもちだしたがるからのぉ。

革命前のフランスは、大多数の平民（第三身分）にたいして、総人口の数パーセントの聖職者（第一身分）と貴族（第二身分）が、広大な土地を所有し、王政のもとでさまざまな特権をもっていた。

フランス革命の「市民」とは、平民（第三身分）の中で、商工業の発展で富をたくわえたブルジョアジー（有産市民）のこと。かれらは裕福な暮らしをしていたけれど政治参加は認められていなかった。

１７８９年、聖職者と貴族の特権身分が、第三身分の「市民」と対立。「市民」はかれらの特権廃止を宣言して、自分たちの議会を「国民議会」と称した。

そもそも、フランス革命でうたわれた「自由、平等、博愛」のスローガンの意味するところは、「自由」＝資本の自由、「平等」＝国家のもとでの統制された平等、「博愛」＝ナショナリズム。さらにいうと、フランス市民革命の「市民」には、女性と子どもは入っていない。

そのフランスは、人権宣言を片手にアジア・アフリカを植民地化していった。何百万人もの命を奪い、植民地の解放闘争を抑圧した。

このレベルの人権の獲得を「解放」なんていうのは笑っちゃう話。今だってフランスは移民にたいする差別も非常にきつい国ですよ。

人間の尊厳や基本的人権というものが、普遍的《ふへんてき》に、アプリオリ（先験的《せんけんてき》）に存在していると思っている人は多い。たしかに日本国憲法にかかれている基本的人権はすばらしい。だけどそれがどこまで実現されるかは、社会的力関係によってきまるわけだ。

社会的力関係とは、たとえば労働運動がつよいときには、労働者の権利を守る力は強かったが、近ごろの職場では労働運動がどんどん形骸化《けいがいか》してるよね。

今日、強大な権力をもっているのは資本家階級（ブルジョアジー）で、かれらは資本主義の理想＝新自由主義的経済政策を貫徹《かんてつ》しようとする。

いま経団連が「裁量労働制」や「高度プロフェショナル制」など、「残業代ゼロ法案」をおしすすめているよね。

資本の理想はより多く儲けること。だから、労働基本法を骨抜きにして、非正規雇用をどんどんふやし、残業代や社会保障をチョロまかし、搾取《さくしゅ》を強化する。

それに対抗する労働者階級のパワーが弱いがゆえに、資本の暴走にブレーキ（規制）をかけられていない。長時間労働で自殺者をだした企業を処罰する社会的力を組織できていない。

わたしも、つい暴走しちゃったな。話をもどそう。

近代化がすすめば差別はなくなっていくと、多くの人はかんがえ、「前近代的な部落差別をなくしましょう」といってきた。にもかかわらず部落差別は厳然としてある。

それはなぜか？　「近代そのものが差別をつくりだしている」とかんがえれば納得がいく。

＊註1　国民融合論　資本主義の発展によって職業・結婚の上で部落差別はなくなりつつあり、国民としての融合を実現するのが部落問題解決の道だとする主張のこと。

＊註2　同和対策審議会答申　１９６０年、政府の諮問機関として設置された同和対策審議会が、１９６５年「同和地区に関する社会的および経済的諸問題を解決する基本的方策」を答申したもの。部落問題の存在を認め、その解決の責任は国にあり、国民的課題であることを明確にした。これにもとづき、１９６９年、同和対策特別措置法が成立した。

3　明治政府「太政官布告」(いわゆる賤民解放令)の意図

――じゃあ、欧米にならって近代化をすすめようとした明治政府は、なんのために「解放令」をだしたんですか？

「賤民解放令」とか「賤称廃止令」とよぶ人もいるが、わたしは「1871年の太政官《だじょうかん》布告《ふこく》」とよぶことにしているんだ。なぜなら、そうよばれたことで、被差別部落大衆にも一般の人びとにも誤解をあたえたからね。だけど話を簡単にするために「解放令」とよぶよ。「明治政府がなにがしかの開明性をもち、欧米を意識した近代化の観点から身分制の廃止にうごいた」という幻想を抱かせた。

――幻想……ですか？　ヨーロッパの天賦人権論《てんぷじんけんろん》に影響された開明的な思想家や官僚が、穢多・非人など賤民身分制の廃止にうごいたのでは？

はあーん、西洋の学問をまなび、西洋の政治社会に憧《あこが》れた官僚によって、身分制の撤廃がはかられた、といいたいわけね？

徳川政権は儒教《じゅきょう》を官学としていた。つまり、江戸時代の支配層の思想は儒教だったわけだが、政権末期にはそれを打ち破る思想が誕生し、また旧政権のもとで西洋思想を研究した人びとのなかから、近代的理念をもつ知識人があらわれた。

この太政官布告は、たしかに開明的な思想によっているのは事実。ところが現実的には、「国家」が具体的な姿となった瞬間から、その開明性はうしなわれた。

穢多非人等の称、廃され候条、自今、身分職業共平民同様たるべき事

1871年（明治4年8月）太政官

そもそも、平民の身分にくみいれることが身分制の解消だなんて、どうしていえるのかな？ このあと明治政権は華族制度《かぞくせいど》[註1]もつくっている。その意味で、この太政官布告は、たんに穢多非人等の呼称を廃止しただけで、いわば近代的身分をつくり直したわけだよ。明治政権がこれを布告した目的はなにかといえば、江戸幕府のような封建的分権支配ではなく、被差別部落と被差別部落民を、直接、国家が掌握《しょうあく》することにあった。差別からの解放ではなく、「解放」の幻想をあたえて、「国民」として訓育《くんいく》（しつけること）し、差別のなかで、労働力として部落民を生きさせる近代的支配がはじまったにすぎない。

――むつかしくて頭が混乱してきました。明治政権は結局、この布告によってなにをしよう

としたんでしょう？

いちばんのポイントは、身分制を解体して、それまで賤民が担っていた〈役〉――警固・行刑役や死牛馬処理役など身分と表裏一体だった――を解《と》くことにあった。

被差別身分だけじゃない、武士身分もなくなった。当然、失業する人も多かった。武士は軍人だったからといって、そのまま近代軍隊に入ったわけじゃない。

――この布告に先だって、「斃牛馬勝手処理令《へいぎゅうばかってしょりれい》」がだされています。牛馬の持ち主が自由に処分・売買できるとするもの。皮革扱いは自由となり、一般からの参入が公然とはじまりました。「平民とおなじ」といいながら、生活のたつきを断ち、差別をなくする施策をしなかったため、実態として差別が残ったんでしょうか？

わたしがいいたいのは、旧時代の身分制を解体した明治政権が、近代国家として被差別部落民をどのように統治したか、ということ。

まあまあ、先を急いでもわからんじゃろう。まわり道になるが、明治維新で決定的にかわったことはなにか？ということから、かんがえてみよう。

日本は、開国によって近代世界に参入した。このとき明治政権の指導者や官僚は、なにを課題にしたかな？

――富国強兵、殖産興業ですか？

そうだね。明治政権は、富国強兵・殖産興業により西欧列強に伍する国をつくるプロジェクトをかかげた。ただし日本の場合、工業化は推進されたが、イギリスのように農村を解体する道はたどらなかった。そこが日本資本主義のひとつのポイントだが、ここではおいておこう。

さて、世界はすでに帝国主義体制で、列強は軍備を拡大させ、植民地をもとめて群雄割拠する時代に入っていた。日本が植民地の争奪戦に参加するうえでも、工業化をすすめ、国民皆兵制と国民経済システム（統一貨幣と金融政策により自国の市場を保護し経済の囲い込みをする）を早急につくりあげる必要にせまられていた。

明治政権は、近代国民国家の創出を強権的に急いだ。

＊註1　華族制度　1884年および1907年に改正された華族令で、明治政権は公家142家、諸侯285家を華族に組み入れ、あらたな身分をもうけた。華族には金禄公債が与えられ、貴族院議員になる特権、爵位の世襲、貴族院議員の正副議長や宮内大臣になる特権などが与えられた。

4　封建的諸制度の解体

ここで、明治政権がうちだした政策を、関連順にざっとみておこう。

（1）1871年、廃藩置県《はいはんちけん》によって藩を解体
（2）地租改正《ちそかいせい》（1873年、地租改正条例公布）
（3）1871年、戸籍法の公布
（4）村や寺社の自治的な裁判権や、地域集団の慣習的な団体権を否定する布告

（5）1873年の徴兵令と国民皆兵制
（6）1871年、警察機構を司法省管轄とし、翌1872年、内務省の管轄とする（近代警察の発足）。同年、東京に警視庁を創設
（7）1872年、産穢《さんえ》の廃止令。太陽暦への改暦を理由に「六曜《ろくよう》」を廃止。翌73年、混穢《こんえ》（触穢／しょくえ）の制度を廃止（1千年続いた延喜式のケガレ制度を廃止）、神武天皇即位日として紀元節をさだめた。

順にみていこうか。
（1）の廃藩置県により藩を解体した。これによって、封建制度とそれをささえていた身分制は廃止された。大名家とそれに仕える家臣の世襲の枠組みが解消され、君臣関係がなくなる。武士身分もなくなったわけだ。解体された旧藩は郡県制となった。
（2）の地租は、土地にたいする税のこと。発足したばかりの明治政権の財源は、旧藩から引き継いだ年貢、つまりコメによる納税だった。ところがこれは藩ごとに年貢率や徴収方法がバラバラで、一律に吸い上げることができない。そこで課税基準を収穫高から地

価にかえ、税率を3パーセントとして金納にし、土地所有者に納税を課した。

（3）戸籍法の公布。土地所有者から税を徴収するには戸籍制度が必要になる。全国統一の戸籍を編んで人口の把握をしないと、国民皆兵もできないからね。明治政権が、最初に編製したのが1872年の壬申戸籍《じんしんこせき》。それまでは「人別帳」（宗門改人別帳）が、村方・町方役人を通じて提出されていたが、記載のしかたもまちまちで、精確とはいえなかった。

（4）江戸時代には年貢の上納や村の運営については大幅に村や町の自治にまかされていた。庄屋・名主は村の長《おさ》として、村を仕切り、村役人ともよばれていた。年寄《としより》は庄屋を補佐した。大庄屋は数十の村を束ねて、領主や代官と交渉するなどの役割をしていた。明治政権は、戸籍制度の準備として、全国を大区—小区に分割する行政区を設定。大区には区長と副区長をおいた。それにともない、近世の庄屋、名主、年寄、大庄屋等を廃止。あたらしい行政区となった区長の多くは、封建時代の村の支配層だったが、中央政府がきめた通達を伝達し、施行するだけの役目となり、かつての権限はうしなわれた。

つまり、江戸時代の村の支配層の社会的役割は、完全に変化したわけで、この権力関係の変化の意味はおおきい。

国民国家

ところで、あなたがいったように、「明治以降、日本は諸制度を欧米化したけれど、古い封建遺制が残っていて、それが払しょくされていないことが問題だ」という意見がある。「部落差別は封建制の残滓」というとらえかたも、そこから発想されている。

だけど明治政権は、ここでみるように、江戸時代の「封建的」といわれる要素を壊《こわ》している。いったん壊したうえで、再構築(Reconstraction)していく。これはヨーロッパのどの近代国家もおなじ。前時代の残滓もあったこともおなじだ。

当時、明治政権の中枢に身をおき、太政官官吏として法令編纂にたずさわった木下真弘《きのしたまさひろ》という人がいた。作家の松本清張が、かれの史料〔＊2〕を紹介していて、それをみると、いわゆる「賤民解放令」とよばれた布告の意図がみえて、なかなか興味深い。

そこにはこんなふうに綴られている。

「雑業、総録、検校、勾当、瞽者（盲人）、角觝者（相撲力士）、売卜者（占い師）、香具師、辻薬売、戯場音曲芸人、穢多非人等の貫籍を正し、検校勾当および穢多非人の称を廃し、ことごとく民籍に編入し、地租蠲免（ケンメン／免除）の制を罷《マカ》む」

（木下真弘『維新旧幕比較論』1876年）

総録《そうろく》は関八州の座頭《ざとう》を支配していた検校《けんぎょう》（盲人の仲間組織である座の最高位）の最古参のこと。相撲力士は角觝者なんてかかれている。香具師《やし》は『男はつらいよ』の寅さんもそうだった。ま、あんな人は映画の世界だけだけどね。

太政官官吏の木下は、穢多・非人だけでなく、占い師や芸人、一般民か賤民かが曖昧《あいまい》なマージナルな人びとをすべて戸籍に編入し、免除していた税を課すことにすると書いている。

ようするに、1871年のいわゆる「解放令」で解体されたのは、賤民身分だけじゃない。そこにはありとあらゆる異形《いぎょう》・周縁《しゅうえん》の人びとが入っているわけですよ。

そこからこの布告の意図がわかる。つまり天皇を中心にした同心円上に「天皇の赤子」としての人民（被差別部落・農民など各々の階層）を仕分けしておいていることだ。

では、国家と国民がひとつになる国民国家を創出するために必要なことはなにかな？

――自分たちは藩に属しているんじゃなく、日本国に帰属しているという自覚をもたせることですか？

ひとつはそういうこと。それまで約300の藩領地に暮していた人びとを「国民」にし、「国民国家」を築くため、明治政権はいろんな策をうっている。

たとえば標準語をうみだしたのもそのひとつ。おなじ言語を話す人間がひとつの領土に住んでいるという意識が必要だからね。

だけどねえ、いきなり「国民」といわれたって、それまでは各藩主がそれぞれのしかたで領民を支配していたわけだからね。江戸幕末の侠客《きょうかく》・森の石松が、かれの故郷の遠州を「お国自慢」にした物語のように、当時の人びとの「愛国心」は、せいぜい自分の故郷への愛着でしかなかった。

明治政権は、その故郷を「国」におきかえ、「天皇の赤子」としての忠誠心に転化させていこうとした。そこでうちだしたスローガンが「国民精神の涵養《かんよう》と訓育《くんいく》」で、そのシンボルが、西洋式の軍服をつけた天皇の写真であり、天皇のお目見え（全国巡回）ってわけだ。

——「一君万民」ですね。各地の住民は、訪れた天皇や皇族を「見る」体験を共有することで「国民」意識を高めていきます。ですが、急激な変化は現実にフィットするんですかね？

うまくいくはずはなかろう。さきに明治政権は、全国の土地と人民を直接管理しようとして、あたらしく大区―小区という行政区をつくったといったよね。

そもそも村は、寄合《よりあい》で村掟《むらおきて》をさだめ、それにしたがって生活していた。

水利権や入会権――稲作のために水を村全体でどう分けるのか、共有地山林での採集にかかわる取り決め、隣村との争いなど――を自治的に解決してきた旧来の村落を否定し、村名まで廃止して「第5大区3小区」と数字で表記した。当然ながら、これは不評だった。壬申戸籍も成立したものの、成功とはいえなかった。

その後、大区―小区を旧来の郡長村制にもどして、戸長《こちょう》は選挙で選ぶこと（民選）にした。ところがね、戸長は民選としたが、郡長区長や府県知事は中央政府から派遣。つまり、人民の意見に耳を傾けるフリをしながら、国家の支配を貫徹しているわけだよ。

そもそも国家には、旧時代の村落共同体を破壊しなければ近代化が遠のく。しかし打倒すべき前時代の秩序に依拠しなければ統治できないというディレンマがあった。

結論はというと、権力をもつ国家の勝利へと傾いた。

5 太政官布告がもたらした影響——近世被差別民解体の意味

——江戸時代の被差別身分の人びとにとって、明治以降どんな変化があったのですか?

くわしくは2章でみるが、明治になっての変化は、近世とは隔絶《かくぜつ》するものだったといえる。

徳川幕藩体制のもとでの被差別身分はどういう存在だったか。

ひとことでいうと、革田や穢多は、それぞれの藩に直接帰属し、かつ、江戸の弾左衛門《だんざえもん》の支配をうけながら、準軍事的役を担う存在だった。各地で警固《けいご》や行刑役の現場にたずさわり、犯罪者の探索・追捕《ついぶ》もおこなっていた。

それにたいして明治政権は、(5)近代的軍隊(6)近代警察制度を発足させる。どちらも藩や弾左衛門の力を排除してつくったわけだ。

軍隊については、国家の形成とともに徴兵制をしいた。「国を愛する気持ち」とか国家への忠誠が強調されて、近代軍隊は組織される。

フランス革命後に国民軍が創設されたのとおなじだが、日本の場合、明治政権は成立してすぐ徴兵制を発足させて上位下達《じょういかたつ》、すべては天皇のためという意識をうえつけている。

弾左衛門体制の終焉

——1868年、明治政府は、江戸を東京と改称します。江戸城も接収され、東京市中の取り締まりは、町奉行から市政裁判所のもとに移ります。それまで江戸の町の警察機構を担っていたのは、弾左衛門とその配下の人びとでした。

いわゆる「解放令」すなわち1871年の太政官布告がもたらした決定的な変化を、弾左衛門の側からみておこう。関東の被差別民衆を統括していた弾左衛門体制は、明治維新後、大きな変化をよぎなくされる。

13代弾左衛門は、明治政府につぎの3項目の要求をしていた。

1、弾左衛門配下の被差別民の身分解放

2、弾左衛門の支配権を全国化し、自治権を保持する
3、皮革の仕事など、これまで専売権をもってしてきた仕事を引き続き行うこと

この要求への明治政府の返答は「拒否」であった。この布告がだされた日、弾左衛門は新政府に呼びだされた。そして解任通知がだされた。弾左衛門体制がもっていた警固・行刑役、皮革などの専売権、自治権はすべて廃止。これが「太政官布告」の内実だ。

——ということは、江戸時代の賤民の人たちはみんな失業したわけですか？

徳川にかわって権力をとった明治政権が、治安や軍事を担っていた人びとを解雇したため、それまでの社会的立場（役）をうしない、生計をうしなった。「解放令」で、法的には平等とされたにもかかわらず、旧賤民への賤視と差別的実態はかわらなかったと？

ちがうんだよなあ。やっぱりあなたは、江戸時代の賤民制度の延長に、近現代の被差別部落があると思っとるんじゃないの？

わたしたち現代の被差別部落民は、江戸時代の「穢多・非人」の差別をうけているわけ

じゃないんだよ。

わたしは、「前近代と近代はまったく隔絶している」ととらえている。なぜなら、政治経済システムが資本主義・主権国家に様変わりした近代は、歴史上特別な時代で、過去の社会制度をまったくうけついでいないからね。価値観も、人間関係・社会関係もかわります。

――近代とそれ以前の世界は、なにがちがうんですか？

社会を動かすカラクリ、ひとことでいうと生産関係がかわったんだ。

徳川幕藩体制のもとでは国内を約３００の藩に分割して統治させるスタイルをとっていた。江戸時代の各藩はそれぞれが固有の国法（藩法）をもち、軍隊をもち、警察、徴税のシステムをもち、特産物の交易をし、幕末には独自に外交をしたり、外国と戦争（薩英戦争や下関戦争）をしたりしていた。そして、各藩の統治のもとで賤民身分は、ふだん農村に居住しながら準軍事的役を担っていた。

資本主義社会は、それ以前の時代となにがちがうのか？

ひとことでいうと、生産手段を資本家のみがもち、「労働者の労働力を資本家が買う」ようになったことだ。自分の土地をもたず、商品をつくる手段（資本）をもたない者は、労働力だけが商品だ。

このことをマルクスは、「労働者は二重の意味での〈自由〉をもっている」といっている（『資本論』273頁註1参照）。

1つは旧来の支配服従関係からの自由、2つめはいっさいの生産手段からの自由（喪失）。現代の企業の社員もそうで、正規・非正規にかかわらず、みんな自分の労働力を商品化し、それを企業（資本家）が買う。それで生活しているわけだよ。

今のあなたには理解しがたいかもしれないが、近代以降、現代のわれわれが体験している変化は、非常に大きなレベルでの時代の交代です。

——そこがわからないんですよ。歴史が積み重なって今があるのでは？　社会構造はかわっても、払い落とせない因習や古い観念を引きずっているんじゃないでしょうか？

6　国民国家と差別

今日の部落差別は「封建制の残滓《ざんし》」のようにみえるだけで、じつは国民国家がうみだした近代の差別。

ひとくくりに「国民」として包摂《ほうせつ》し、統治する国民国家では、まつろわぬ者は激しく憎悪される。他者への憎悪は国民国家において顕《あら》わになる。異端視される者を攻撃して排除しないとコミュニティを維持できない。それが近代社会の特徴なんだ。

――今日の部落差別は、江戸時代の「穢多・非人」にたいする差別となにがちがうのか、もうひとつわかりません。国民国家も、わかるようでわからないことばです。

国民国家は、太古からあるものじゃないよ。世界史的にみると約4百年の歴史になるが、「国家」という政治的なひとくくりの単位で領土と領民を統治する、近代の統治システムだ。

中世のヨーロッパにも、国はあったし領主はいた。だが、その土地に住んでいる人は「領民」ではあるけれど、「国民」じゃなかった。

ところが、17世紀後半にヨーロッパがつくりだした近代国民国家システム[註1]が、全世界に拡張される。そのシステムに、19世紀の日本もくみこまれたわけで、「明治維新から150年」とはそのことを意味している。

ヨーロッパとくらべて歴史は短いが、近代国家としての性格は日本もおなじ。国境線で区切られた領域内の人びとは「国籍」というものをもち、「国家」への帰属意識をもつことをつよくもとめられる。国家はその領域内の人びとの文化を統合するというけれど、じっさいはバラバラだ。ところが、あたらしくつくられた「国民」の自覚は、異端視される者、まつろわぬ者を許さず、排除する傾向をうみだしていく。

明治政権は、琉球とアイヌの「蝦夷地」――つまり沖縄と北海道を「日本国」にくみいれ、その領域内に住む人びとを「国民」とした。アイヌ民族差別も、近代に入って、より苛酷《かこく》になる。「村八分《むらはちぶ》」ということばがあるよね?

たとえば村人の寄合で決められる村掟《むらおきて》を破った者は追放などの処分をうける。それが「村八分」。このことばは近世からあったが、村八分が実行される頻度《ひんど》は、近代になって8倍くらいにふえたんだ。

――えっ？　もっぱら江戸時代の封建制を象徴することばだと思い込んでいましたが。

＊註1　近代国民国家システム　1648年、ドイツ30年戦争の終結講和会議でウェストファリア条約が締結された。この会議には当時のヨーロッパの国々の代表が集まり、それぞれの国が、内政権と外交権をもつ独立した主権国家であると認め合った。ここに近代国民国家は政治的に基礎づけられた。

7　世間と社会と部落差別

島崎藤村『破戒』に描かれたもの

昔からあったけど、近代になって頻繁に使われるようになったことばがもうひとつ。それは、世間と世間体。「部落民と交際すると世間体がわるい」という。島崎藤村の『破戒』〔＊3〕にも世間体はでてくるよ。

——『破戒』の主人公・丑松《うしまつ》がふり返る場面ですね。かれは部落出身を隠して小学校教師になっている。「あゝ、あゝ、捨てられたくない、非人あつかひにはされたくない、何時迄《いつまで》も世間の人と同じやうにして生きたい」。歴史学者の阿部謹也《あべきんや》さんは『世間とは何か』〔＊4〕で、「ここではっきりと世間の中には非人は入っていないことになる。世間は被差別部落の人達を差別し、自分達はそれらの人達とは区別される人間であるということを暗に示す言葉となっている」と説明しています。

世間や世間体は、自分を中心にした親戚縁者・友人知人、学校・職場・取引先という、いわば実体験の世界。時代は変化しても、世間とのかかわりあい、世間の目をつねに気にしながら、人は価値判断しているよね？

近所つきあいの作法、親戚との関係など、罪になることはないけれど、まちがうと「変わり者」「はみだし者（逸脱者／アウトサイダー）」の汚名がまっている。

いじめがなぜおきるのか、ＰＴＡが嫌なのになぜ従うのか。ママ友の問題がなぜおきるのか。突きつめると、逸脱《いつだつ》、異端視という問題に直面する。

世間から逸脱する者を排除するのが近代社会。それにならって排除しないと自分がアウトサイダーになってしまう。

その意味で、部落民を排除することが、自分が「内側」の人間であることの「最良」の証《あかし》にもなるわけだ。藤村の『破戒』のみならず、被差別部落民を忌避する理由に、世間体をあげた例はいくらでもある。

——「封建的」と思い込んでいたものが、じつは近代の特徴だったとは驚きです。すると、前近代つまり江戸時代の部落差別は、どんなものだったんでしょう?

その話をする前に、気づいてほしいことがあるんよ。わたしは、〈被差別部落〉と〈部落差別〉の用語を近代以降にかぎって使っている。その理由は3つ。

(1) 近代以前に「部落」ということばはなかった。したがって誰も使っていない。江戸時代には、穢多や非人、革田、鉢屋など40以上の賤民がいた。かれらのすべての呼称が「穢多」に統一され、解体され、「新平民」になり、「特殊部落民」とされるのは、明治以降だ。

（2）「部落」は、近代以降に発明されたことばであること。おそらく、ドイツ語のゲマインシャフト（共同社会）の翻訳語だと思う。ところがその「部落」が、2つの意味をもつようになる。つまり、「村を構成する集落」としての意味と「被差別のコミュニティ」の意味。これも古いことじゃない。

（3）差別に抗議する意味も異なっていた。つまり、水平社運動がうまれたように、近代において差別を認識するのは、「人間はうまれながらに平等である」とか「個人の自立・自由」というヨーロッパでうまれた人権思想によっている。もちろん、封建時代にも差別的なあつかいに抗議する人はいたのだろうが、部落差別にたいする抗議は、近代以降の現象だということ。そもそも「私」という存在に気づくのは近代になってからだからね。

ではつぎにすすもう。

2章では、近世被差別民についてみることにしよう。現代の部落差別は「封建時代の身分差別観念がいまも残っている」のではないと、わたしがいう意味が、より理解できると思うからね。

2章

まちがいだらけの部落起源論

1　近世政治起源説――『カムイ伝』のインパクト

わたしたち現代の被差別部落民は、人権という概念がありながら、人権を享受《きょうじゅ》できない時代に生きている。ところが、江戸時代には、そもそも人権や平等という概念はなかった。したがって、現代の人権概念から近世の賤民制をみるのはまちがいだし、当然のことながら、江戸時代には近代・現代の被差別部落はなかった。

この章では、徳川幕藩体制のもとで、賤民身分がどのように存在していたかをみていくことにしよう。

従来、被差別部落の起源にかんする有力な説は、ひとことでいえば、「江戸幕府が賤民制度をつくった」という近世政治起源説だった。

農民の不満が、より身分が低く抑圧された穢多・非人など賤民にむかうよう、徳川幕府が身分制度をつくった。つまり「上みて暮らすな、下みて暮らせ」という説だ。

この説には、それが実証できる歴史史料が少なく、批判が多い。ただし、17世紀初頭に各地で都市建設がはじまるとともに、穢多（革田）集落が設置された記録は存在する。

――『カムイ伝』（白土三平作）のインパクトが強烈で……。カムイは非人出身で、非人は徳川幕府の圧政に苦しむ農民階級よりさらに貶《おとし》められる被差別民。一揆反乱をおこさないよう農民のうごきを監視する、幕府の隠密忍者です。だから農民から敵《かたき》のようにみられます。まさに幕府が民衆を分裂支配する構図が、イメージに残るんです。

ふーん、そうなの？『カムイ伝』は、徳川幕府や藩の圧政に苦しむ百姓と、一揆に立ち上がる正助、幕府隠密から抜け忍となったカムイの姿を通じて、理不尽《りふじん》な差別と身分制度への怒りが、共感をよんだ。とはいえ物語は未完。

しかし、幕府が民衆支配のために「士農工商、穢多・非人」の身分制度をつくったということは、実証されていない。「今日から君は賤民ね」と、指さし確認したわけでもない。飢饉《ききん》の折、百姓身分が飢えに苦しめられて一揆をおこした記録はあるが、実態は、幕府への上納を少しでも減らすため、藩が、飢饉や天候による被害を水増しして、公儀の役人に報告している例も多い。

重い年貢に苦しめられ、貧困にあえいでいたという歴史像が流布されているけど、江戸時代半ばには、農業生産力が上昇して、品種改良や農業技術の発展、水田開発がさかんになり、農村の死亡率も、平均寿命も改善されていたことは、史料から裏づけられている。

2 ケガレ観念か？

――近世の賤民身分が担ってきた仕事（役）が「ケガレ」にかかわるもので、「人の嫌がる仕事」だったとする説があります。ケガレすなわち触穢《しよくえ》で、ケガレをキヨメる仕事に従事していたことが賤視につながったというもの。「いまも部落差別が残っている」のは、このケガレ意識（浄穢観念）が要因だとする説です。

「部落民はケガレ意識によって差別されてきた（いる）」とケガレ論者はいうけれど、そもそも「何がケガレか」ということじたい、時代によって変遷《へんせん》している。それを無視して議論をすすめるのはいかんと思うね。

ケガレについては、近年、活発な議論が、中世起源説をめぐっておきている。それをおおきくわけるとふたつ。

第1に、中世社会起源説。この説は、被差別民とは、ときの権力者が人為的につくったのではなく、人びとの習俗によって発生したとする。習俗的なケガレ観は、屠者《としゃ》や死と関係する人たちを集落から排除したという説だ。

第2は、中世政治起源説。11世紀初頭、従来排除されていた河原者《かわらもの》とよばれる人びとに、京都市中に放置された死体の処理を命じたことを起源とする説だ。この行為はキヨメと称される。つまり、きわめて古い時代にさかのぼっての「ケガレ意識」を部落差別の起源とする説が議論されている。

しかし、第1、第2のどちらにもいえることだが、中世のキヨメにかかわる集団が、近世の被差別民になったなどは、まったく実証的な決め手を欠いている。はっきりいって、類推《るいすい》の域を出ない。

ほかにも、職業起源説、異民族説、宗教起源説の論争があった。

職業起源説は、農耕社会にあってとくに狩猟者などの非農民への差別が発生したとする説。

異民族説は、中国、朝鮮半島からの渡来人、または古代の被征服民族の末裔《まつえい》とする見方。

そして宗教起源説は、仏教や神道の「穢」概念に起源をもとめる説だ。

まあしかし、そのどれもが実証されたことのない、トンデモ説に近いと思うね。

さらに、ケガレ意識、はたまた宗教、職業起源説に共通する見落としがある。

それは、近世賤民が従事する仕事で、もっとも高い経済的比重をしめるのは農業だということ。日本は農業社会であり、革田も穢多も、農業社会の一員として生活を維持し、年貢も納めていたケースもあったことをみないのはなぜだろうか？

3　近世の村と町、そして身分

徳川幕府のもと、約300の藩からなる幕藩体制の編制原理はなにかというと、「身分」。

武士（侍）と百姓と商工業者（町人）の、機能的に分離された身分によって構成されていた。

「村」は百姓身分から構成される身分集団であり、おなじく「町」は町人身分から構成される身分集団。それぞれの身分のなかにも、複雑な階層があった。

百姓身分が住むのは村、町人身分が住むのは町。ところで武士はどこに住んでいたかな?

――城下町ですか?

そう。武士・町人が城下町に、百姓が村に住む。武士は農村から離れ、主君である将軍や藩主の城下町に集住させられる。大名(藩主)の居城を中心に、城下町は計画的な町割《まちわり》によって、武士が居住する武家屋敷と町人が居住する町屋敷にわけられていた。町人(商工業者)はそれぞれの業種ごとに営業の独占権などを認められていた。

いっぽう、百姓は領内の村に住み、村を運営する支配層(名主、庄屋、年寄、百姓代など)は「村役人」とよばれた。

江戸時代の基本的な構成単位である村と町は、領主の支配をうける。領主はおおきくいうと三種類―大名・旗本・幕府があった。大名の支配をうける地を「藩領」、旗本の支配をうける地を「旗本領」、幕府の直轄地を「幕領」と呼んだ。幕領では、幕府の代官が年貢の徴収などをおこなった。

百姓は、耕地の石高（1石は約180リットル＝150kg）に比例して、コメなどの生産物を年貢として貢納する。コメを生産しないところでは生産物の価値をコメに換算して石高がさだめられた。

武士は、「知行」（主君から給付され、かつそれが子孫に世襲される）として、それぞれの地位に応じた石高があたえられる。武士は、従者や奉公人と武器を準備し、戦時には兵力をひきいて主君に従軍する〈役〉を負った。

とはいえ、永く平安の世が続いた江戸時代の武士は、軍人というより官僚だね。司法や行政を担当することが〈役〉に服務することだから、かれらは「役人」と呼ばれた。現代の日本でも官僚は「役人」と呼ばれているよね。

ところで、かつての教科書では、江戸時代の身分制度を、政治権力をもつ武士を頂点とする「士農工商、穢多・非人」という三角形のピラミッドの図であらわしていた。

しかし、それは当時の実相とまったくちがう。村や町に集住し、おなじ職能的環境におかれたそれぞれの職能的共同体が、幕藩制国家によって、一定の秩序のもとに編成されていた。

――その中で、被差別民はどこに居住していたんですか?

たとえば、塚田孝の研究によれば、関東の武蔵国《むさしのくに》(現在の埼玉、東京・神奈川の一部)では、百姓の住む本村《ほんそん》と、穢多役や非人役の居住する枝村《えだむら》から構成されている村があった。(村内に居住するという点で、穢多役や非人役などは村の一部を構成していた。また新田開発などによりできた新しい村を枝村・枝郷とよび、もとの村を本村・親郷などとよんだ。)

と同時に、枝村には非人の小頭《こがしら》が居住しており、小頭が支配する賤民が居住する範囲は「場《ば》」とよばれるひとつの空間を構成していた。穢多役や非人役は、その「場」の範囲で、さまざまな〈役〉をつとめたわけだ。

――村々の境界があり、また村々を超える被差別民のネットワークがある。これらは重層的に重なり合っていたんですね。

4 江戸幕藩体制を維持する〈役〉の体系

江戸幕藩体制の秩序を維持、編成するテコになるのが、さきにふれた〈役〉。被差別民のみならず、すべての人が、日常の生業とはべつに〈役〉を賦課《ふか》されていた。

——〈役〉は仕事とおなじですか？

「役割」とか「任務」というのが当たっているだろうね。それぞれの身分に割り当てられた公的な責任を〈役〉として担う。その役割分担の組織が「役の体系」。それぞれの職分に応じた〈役〉を担い、それを忠実にはたすことが正しい生き方とされた。[註1]

職人にはそれぞれの職能に応じた生産物の上納、町人には「町人足役《ちょうにんそくやく》」という築城などの労働力の提供、百姓には、「百姓陣夫役《じんぷやく》」などが要求された。

では被差別民に賦課された〈役〉は？

——キヨメ役ですか？

ちがうんだよなあ。「江戸時代の穢多身分の『役』はキヨメ役」と書く研究者がいるけど、そもそも「キヨメ役」なんていう〈役〉は江戸時代にはありませんよ。幕府も規定していない。中世には市中の掃除など、キヨメといわれる人びとがいたが、〈役〉として存在したとはいえない。いい加減な話だよ、まったく。

＊註1　『江戸時代とはなにか』で、歴史学者の尾藤正英はつぎのようにのべている。
「近世になりますと、士農工商それぞれの身分に応じて、労働の義務としての「役」が課せられるという点では、一見するとそれ以前と同じようなのですけれど、その「役」に服務することが、それぞれの身分に所属していることの象徴的表現とでもいうべき性格が強くなって、強制的な義務でありながらも、同時にそれが個人の自発性に支えられたものとなった点に、大きな変化があったのではないか、と私は考えています」

5　近世被差別民の〈役〉

では、ケガレ意識で江戸時代の差別を説明できるか？

この問いをいい換えるなら、権力（幕府や藩の封建権力）から仰《おお》せつかった被差別民の役割はなんだったのか？　ということになる。

結論からいうと、その役割はケガレでは説明できない。

封建体制のなかで近世被差別民が担っていた〈役〉――それをひとことでいうなら、治安のための準軍事役だ。２５０年間戦争していない徳川時代、政治（行政）官僚化していく武士の刀は細くなり、元禄時代には、まるでお飾りみたいなものになっている。替わって、実質的な治安・軍事を担ったのが、被差別民だ。

江戸時代、司法と警察業務をしていた役所はどこかな？

――奉行所ですか？

うん、武士身分である与力・同心は奉行所につとめていたね。〝不浄役人〟といわれていたが、実質的には世襲だった。

地域（藩）によってちがいはあるけど、かれらのもとで行刑や犯罪人の探索・捕縛などの警察業務を〈役〉として担っていたのは、穢多[註1]・非人[註2]・革田《かわた》[註3]・鉢屋《はちや》[註4]・藤内《とうない》[註5]などとよばれた被差別民。江戸では弾左衛門の手下たちがおこなっていた。

わたしのフィールドの広島ではどうだったか。近世の広島藩、福山藩をみていこう。広島藩では、被差別身分は革田としての〈役〉を担った。それを革田役という。そして、他の被差別民の〈役〉に非人役があった。

福山藩の、穢多、茶筅《ちゃせん》、非人身分は、おなじように穢多役として行刑にたずさわっていた。つまり、どの身分がどの仕事とは一概にはいえない状況があった。ここからの説明では、広島藩に言及する場合は革田役、福山藩に言及する場合は穢多役とよぶよ。

＊註1　穢多　日本近世の被差別民。幕藩権力によって賤民の中核的身分とみなされた。地域によっては「かわた」とも呼ばれた。

＊註2　非人　日本近世における被差別民。非人頭に統率された集団とその構成員をいう。飢饉

などによって帰住先を失った野非人は、非人小屋に収容されるなどした。中世の多様な被差別民を包括する総称である中世非人とは区別される。

＊註3　革田　日本近世の被差別民。皮田、皮多、革多など様々に表記される。

＊註4　鉢屋　伯耆・出雲・石見地方における日本近世の被差別民。

＊註5　藤内　加賀藩とその支藩の富山藩における日本近世の被差別民。

6　もうひとつの軍事力としての革田役・穢多役

広島藩の革田役および福山藩の穢多役は、つぎのような職務を担っていたとされる。

第一、死牛馬の処理と皮革の権利独占
第二、刑の執行と罪人の移送などの業務
第三、市中の清掃
第四、消防、犯罪者の捕縛《ほばく》

これらの職務の執行は、幕府や藩の権力のもとでおこなわれた。革田役・穢多役の職務のひとつが、刑の執行だった。それは、過酷な身体刑であっても、法と作法（倫理規範）によって、厳密に統制されていた。幕府や藩は、職務においてもそうでないときも、かれらを厳しく統制した。それは、かれらが幕藩体制にしっかり包摂されていたこと、つまり「社会外」の存在ではないこと、それだけに、封建体制を維持する重要な役割を担っていたことを意味している。

——行刑や犯罪探索も大事な〈役〉ですが、死牛馬処理や皮革生産も重要でしょう？

そんなにいうなら聞くが、政治の目的の第一はなにかな？

——反乱鎮圧つまり体制維持ですかね？

政治の第一の目的は、治安にある。とすれば、いまあげた革田役の第四の仕事が、その主たる任務となる。武士は軍人でもあったが、じっさいは政治官僚だよ。かれらによる政治＝治安は、もうひとつの軍事力としての革田役にささえられていたわけだ。

また、第二の刑吏《けいり》の仕事では、過酷な身体刑を遂行《すいこう》する。それは権力機構のなかで自立した部門（プロフェショナルとして独立した軍事部門）だった。

刑の執行には、高度な技術がもとめられた。福山藩の小畠代官所で、茶筅［註1］が「見事に」斬首を執行したとする記録があり、かれらの技術水準の高さをものがたっている〔＊1〕。首を斬《き》るというのはむつかしくてね。まさに首の皮一枚残さなくちゃいけない。それが作法なんだが、これには技量が必要だ。

このような技術があったからこそ、杉田玄白らのもとめに応じて腑《ふ》分《わけ》を請け負うことができる者も存在したわけだ。

――「穢多の寅松」が人体を腑分して見せたと『蘭学事始』に書かれています。

＊註1　茶筅（茶筌とも書く）　茶筅身分は、従来、穢多、非人とは別類型とされてきた。職業は、農業に加え、竹細工、芸能、勧進などとされ、処刑とのかかわりは明らかにされていなかったが、

福山藩の小畠代官所の記録はそれを覆すもので、賤民身分全体と役の体系を再検討する必要がある。

7　刑吏役の意味——二重の保護組織

——武士が一般民の処刑を直接しなかったのは、血で血を洗う戦国時代が終わり、戦闘員から政治官僚になって、血のケガレを忌み嫌うようになったからじゃないですか？　革田役・穢多役が担った刑の執行〈役〉も、「罪＝ケガレにかかわる職務」ではないですか。

なにを言いよるんかのう。ケガレとはなんの関係もないよ。これは日本だけじゃなく、世界の統治者がもちいた共通のテクニック。フランスの思想家ミシェル・フーコー（1926—84年。代表作に『監獄の誕生』）が、そのことをずばり言い当てている。

統治する側は、処刑にさいして「刑を受けるのも嫌だが、刑を執行するのも嫌」——だから権力者は、自分と自分の課す懲罰《ちょうばつ》とのあいだに距離をおきたいとかんがえる。そのために「二重の保護組織」を必要としたわけだ。

――二重の保護組織？　人はそういう観念的なことをかんがえるものですかね？

幕府や藩の権力者がまずかんがえるのは、「どうやって権力を維持するか。そのためにどう統治するか」でしょう？

二重の保護――その1つめは、権力者はみずからの身体をもちいて直接処刑にかかわらない。プロフェショナルの専業者に処刑執行させる。プロの専業者が保護膜（バッファ＝緩衝帯）になるわけだ。

2つめ、刑の執行をさせることで自分たちの権力を維持する。

徳川幕府は、藩を通じて藩の領民を間接支配した。藩は、村落の村役人を通じて領民を支配した。では、幕府のおひざ元、人口100万に達していた江戸の町はどのように統治されていたのか。

弾左衛門は江戸時代13代続いた江戸と関八州の被差別民の統治者だ。弾左衛門の存在とはたした役割から、みておこう。

8　幕府支配と弾左衛門

関東各地の被差別民は、中世以来の長吏《ちょうり》〔註1〕の有力な頭に支配されていた。小田原城を築き、その地を中心に関東を支配した後北条氏《ごほうじょうし》は、小田原の長吏頭を通して、関東各地の被差別民支配をおこなっていた。

後北条氏が滅《ほろ》んだあと、あらたに江戸を治めることになった徳川氏も、被差別民の統治にかんしては、後北条氏の方針をひきついだ。しかし、後北条氏と結びつきのつよい小田原の長吏頭の影響力はそがねばならない。

江戸幕府の命をうけ、関東と江戸の被差別民統治を担うことになったのが、弾左衛門だ。代々の弾左衛門が江戸幕府から仰せつかった役目をおおきくまとめるとつぎのようになる。

（1）被差別民・流民の仕切り、管理

（2）刑吏・刑務

（3）治安（町や村の警備）・犯罪人の探索・消防
（4）市中の清掃
（5）皮革の集約

弾左衛門は、江戸の被差別民を管理統治する機構のトップであり、江戸町奉行を通じて治安を担う、幕府の統治機構の一部としてあった。

逆にいうと幕府は、被差別民社会を、弾左衛門を通じて末端までコントロールした。そして、江戸１００万人の町の治安にあたらせようとしたわけだ。（18世紀の江戸は人口１００万人でそのうち50万人が武士。つまり百姓と町人50万人が江戸の経済をささえていた。ちなみに大坂は40万都市だったが、武士はそのうち7千人程度。）

弾左衛門を頂点とする身分自治組織は、弾左衛門の配下に有力な非人頭がおり、非人頭は、自分のエリア内の非人小屋を支配していた。各非人小屋には小屋頭がいた。

弾左衛門は、江戸の被差別民を統治する独自の自治機構をもっていた。その中心が浅草新町にあった弾左衛門役所。被差別民が犯罪をおかしたときは、町奉行所で仕置きを申し渡されたあと、弾左衛門役所に連れてこられ、独自の法（掟）により裁きをうける。

ちなみに、江戸の弾左衛門だけでなく、関西でも「穢多年寄」が弾左衛門の役割をはたしたことがわかっている。

弾左衛門屋敷は2600坪をこえており、屋敷地周辺は約1万4千坪（東京ドーム約1個分）といわれた。

世襲制の弾左衛門があたらしく代替わりするさい、江戸町奉行を訪問するんだが、その行列は「10万石の大大名を上回る」規模だった。行列はみずからの権力をみせる儀式だからね。

最後の弾左衛門といわれる13代の写真をみると、武士とおなじく刀を二本差しにしている。それをみても、「ケガレをキヨメる仕事を仰せつかった」というのは当たっていない。人口100万人を超える江戸にあって、流入民の取り締まり、ゆき倒れや病者の対応、犯罪者の探索など、治安の仕事を担うのは、武士ではなく、弾左衛門に統率される被差別民にまかされていたといっていい。江戸のみならず、他の諸藩の政策をみても同様で、それが幕府と藩の統治のあり方だった。たとえば広島藩では街道沿いに革田の集落を一定の間隔をおいて配置している。それらをみても、賤民制の設定目的はあきらかですよ。

＊註1　長吏　近世関東では穢多身分の人びとを長吏と呼称することが多い。弾左衛門も長吏と呼称してほしいとのべている。

9　被差別民の〈役〉と収入

——農村に住まう被差別身分の人たちは、ふだん何によって生活を維持したんでしょう?

1つは農業。2つめに、もっとも重要な穢多役（革田役）にたいする報酬。穢多（革田）が農地を所有していたことはあきらかで、岡山では「革田米」として年貢を支払っていたし、伊勢国でもほとんどが農業を営んでいた。また、入会権（村落の住民が山林原野＝入会地を共同で薪炭用・肥料用の雑木・雑草を採取する権利）も、同様にもっていた。

弾左衛門支配がつよい関東でも、農地獲得のなかで、あらたな被差別身分集落が形成されたことが確認されている。大坂においても、穢多の農業の重要性が明確にされている（＊2）。

その具体例を広島の「下市村覚書」からしめしておこう。

広島藩下市村の1710年記録には、革田頭をはじめとして土地を所有していたことが確認できる。1791年の記録では、貧窮《ひんきゅう》対策の対象となる経済水準以下にあったのは2世帯のみ。前時代からの田畑所有の記録もある。最上位の革田の持高は、中位の農民と同等の5石（1石は100升で成人一人が一年で消費する米穀量といわれる）。また、追放処分を受けた革田の田畑は、7反5畝（約7440m^2）あった。

かれらはたしかにひどい待遇をうけていた。しかし、時代による変動はあるが、年貢を払う農業社会の一員として包摂されていたことは、1819年ごろの広島藩豊田郡の記録にしめされている。村の構成員は、災害や飢饉などにそなえて、ふだんから村の社倉《しゃそう》（相互扶助組織）に積み立てをするが、革田身分も村々の社倉に積み立てをしているんだ。

――つまり、革田身分も村のメンバーだったということですね。

10 暴力装置としての被差別民

ふだんは農業社会の一員としてあった近世被差別民の主要な〈役〉は、治安だった。そのため近世被差別民は武装していた。

近世被差別民の系譜にある被差別部落には、いまも〈役〉をはたすための十手《じって》や袖《そで》がらみ、さすまたなどの捕り物用具がのこされている〔*3〕。

刀剣や、わたしの本家には実に取り回しのいい槍《やり》もあったよ。その数はたいへん多いが、公表するには事情が許さない。

革田役を担っていた義父の家にも十手がたくさんあったけど、みんななくなったという。義父に聞くと「ガキ大将だった子どものころ、十手をもって遊びまわっていて、どこかにいってしまった」というんだ。

しかし、武器をもっているだけじゃ犯罪抑止にはなりえない。戦闘能力を身につけておかなくてはならないからね。そのため革田は、日常的に軍事訓練をおこなった。

幕末のころ、広島藩は、幕府と長州の戦争に農民からも兵を徴用している。しかし革田は、日常的に武装を許された職業的な軍人であり、農民とおなじ立場で動員されたんじゃない。

——それはつまり、どういうことですか?

革田たちはふだんから武器を自前でたずさえていた。つまり専門職だったってこと。瀬戸内は海上交通の中心であり、良質な港があり、早くから交易や商業が発展した。そのいっぽう、藩をおおいに悩ませていたのは瀬戸内の海賊だった。江戸期には「水軍」は消滅していたが、海賊の軍事力は侮《あなど》れるものではなかった。海賊を取り締まる革田も、職業軍人としての役を担った。革田は、自分の舟をもち、武器をたずさえ、藩の命令で出動し、そのはたらきには報酬があたえられた〔＊4〕。

革田は軍事的存在であり、〈役〉の実行は、軍事力の行使だったといえる。

だが、統治する側からみると、被差別民の高い戦闘能力や、犯罪者の追捕能力は、逆に大きな脅威《きょうい》ともなる。革田が経済的に豊かになり、権力のイデオロギーの束縛から自由になれば、革田の居住地は、権力がおよばない空間ともなりかねない。

――なるほど！　幕府も藩も、「革田をどう組み入れておくか」をつねにかんがえていたわけですね。ところで農民は、豊臣秀吉の刀狩りで、武器をとりあげられていたのでは？

これまでの説では、秀吉の刀狩りで農民が武装解除されたというけれど、じっさいは法令がひとり歩きしていたにすぎなかっただけ〔＊5〕。

とくに脇差《わきざ》しは、武士でなくても自由に所持できた。革田も、一揆鎮圧に出動するときは、脇差しをもちいた。武器の使用は行動指針とともに細かく統制され、脇差しの研《と》ぎ料も、補償《ほしょう》されている〔＊6〕。

革田の武器使用は、〈役〉にもとづく「公的」な暴力の行使だったわけだよ。

――その〈役〉をなぜ解除する必要があったんですかね？

11　〈役〉の解体＝暴力装置の解体

徳川幕府を打倒した明治政権は、おくればせながら帝国主義列強に加わり、植民地獲得の戦争にのりだそうとしていた。

そこで重要な意味をもつのが、封建的身分の解体と1873年の徴兵令。国民皆兵による近代的軍隊の創設は、一般庶民のみならず、旧武士身分にとっても急激な変化だった。ところで、近代的軍隊と世襲制の封建的軍隊のちがいはなにかな？

——わかりません。

近代戦争の軍事戦略を著《あらわ》したプロイセンの将軍・クラウゼヴィッツの『戦争論』をよむと、近代的軍隊と世襲制の封建的軍隊のちがいが、はっきりわかるね。1832年刊行の『戦争論』は、いまも士官学校や研究機関で使用されているんだ。

「兵は徴募され、被服と武器とを給与され、訓練を受ける。兵は眠り、飲食し、また行軍する。このようなことは、すべて適所で適時に戦闘するためにほかならない」

旧武士団もそうだが、近世の被差別民は、地域社会で家族と共に生活する「兵士」だった。招集がかかると出動する。それにたいして近代軍隊の兵士は、徴用され、家族と離れて兵舎に入営し、軍服を着せられ、共通の食事をし、訓育される。

１８６８年の戊辰戦争《ぼしんせんそう》（倒幕派と幕府派の戦い）はすでに近代戦ですよ。時代おくれの刀剣は、銃と大砲、軍艦にとってかわられた。（長州藩は幕府との戦いで射程と命中精度が飛躍的に高まったミニエー銃を農民にもたせて勝利した。）

なぜ近世被差別身分が解体されたかについては、軍事的側面からみれば近代軍隊には不適格だったということは理解できる。

明治維新後、武士とおなじく、革田や穢多役の武装も解除され、軍事力と警察力は国家に集中された。むつかしい言い方をすれば、近世から近代へと移行する時代は、封建権力の暴力装置を解体するプロセスとしてもあったわけだ。

１８７１年のいわゆる「解放令」をうけて、広島県では、１８７２年に「革田帯刀禁止之事」〔＊7〕をだして、革田の武装を解除している。それは、革田の武装が近代国家建設の阻害物《そがいぶつ》になるためだった。

――近代国家は、国家権力以外が武器をもつのを禁じるわけですね。いまも銃刀法違反なんていうものがあります。

近代司法の導入と警察制度

1871年、明治政府は欧米の制度を導入して、警察制度を発足させる。このとき、かつての穢多役、革田役にかえて邏卒《らそつ》を募集した。邏卒はいまでいう巡査のこと。ところが、国民の多くが邏卒を穢多役の延長としてとらえたため、警察官になる者がいなかった。そのため、広島県でも旧被差別民が一時的に雇われている〔＊8〕。つまり、一挙に雇い止めになったんじゃなく、タイムラグがあったわけだ。

1872年、内務省管轄のもと、警察は国家の一元的管理となり、東京に警視庁が設立され、司法省には近代的な法体系が導入された。

――警察官が一般からの公募になったとき、旧賤民は応募しなかったのですか？

たとえば島根県では、警察官にあたる捕亡《ほうぼう》が公募された。

それまで専業者だった旧被差別民（鉢屋）の人たちは応募したが、「能力の適格性が満たされず」採用試験に合格しなかった。それは部落差別によるものというより、近代刑法にのっとらない彼らの取り締りや捕縛の方法が、「適格性」を満たさなかったと指摘されている〔＊9〕。

また福山藩には、刃傷《にんじょう》や強盗にたいする「打ち殺し」という、裁判を待たない方法があった。ところが、犯罪者を監獄に入れて精神を矯正《きょうせい》させる刑罰にかわる近代には、そのしかたも合理性を喪失していくことになる。

その結果、近世に出自をもつ革田、穢多、非人たちは、取り締まる側から取り締まられる側になった。

国民皆兵と〈役〉の解体

近代国民国家は、軍事力もまた一手に掌握しなければならない。

1872年、明治政権は、陸軍省と海軍省をおき、翌73年に徴兵令を施行、近代的軍隊は創設された。これによって、近世被差別民の〈役〉の解体が完遂《かんすい》する。

かつての被差別民の武力をはく奪し、それを国家へ集中したわけだ。

このことが社会にあたえた影響は決定的だった。

——被差別民の存在意味が、江戸時代とはまったくかわるということですね？

そうだね。今日の部落差別がどのようにあるか。それをあきらかにするには、近代国家がもたらした影響を見逃してはいけない。

中世の賤民史、近世における被差別身分の研究は、それじたいが学問研究の対象であることはまちがいないが、それを社会構造のまったく異なる現代の部落問題につなげることは誤りだ。

え？　まだなにかいいたげな表情だね。アホらしいがしょうがなかろう。もう一度だけ「ケガレ（穢れ）」につきあって、習俗や宗教で21世紀の部落差別は解けないことを確認しておこう。

3章

部落差別とケガレは関係ない？

1　カースト制と部落差別は似ている？

ここまで近世賤民のありようについて話したけど、いまだ流布しているのが、「インドのカースト制度と日本の部落差別が似ている」という説。

――部落差別をしらない日本在住のインド人に「たとえばカースト差別のような」というと、とても納得してくれました。

そういうことをいってもらっちゃ困るんだよな、まったく。被差別部落民を「アウトカーストとおなじ」なんていう困った研究者は欧米に多いんだ。たとえば、『日本の見えざる人種』という本のなかでジョージ・デヴォスは、日本の部落差別を、インドのカースト制にあてはめて説明している〔＊1〕。

かれは、被差別部落民の起源（Origin）を、近世の穢多（革田）や非人など賤業に従事した「アウトカースト」とみなした。

インドのカースト制は、その背景にヒンドゥー教があるが、デヴォスは日本の差別制度の起源を仏教伝来によるものとしている。土着の宗教と結びついた仏教が、殺生と肉食を禁止し、それが神道のケガレ観を強化した。その結果、ケガレを処理する専業者としての被差別民を輩出したという内容だ。


——部落差別の宗教起源説では、仏教の殺生戒[註1]をもちだす例はよくありますね。そこからカースト制と部落差別が似ているといわれるわけですか？


ところがね、「日本人は仏教の殺生戒により肉食をほとんどしなかった」という話は、明治以降にふりまかれた観念にすぎなくて、日本列島で殺生戒が守られた時代なんてありませんよ。

なぜ「生類憐みの令」（1680年代に五代将軍綱吉が制定）がだされたのか？

はっきりいえば、坊さんも尼さんも、肉食しまくっていたから。それにたいして、将軍徳川綱吉《つなよし》がお触れをだしたというだけのこと。じっさい、綱吉の死後すぐに「生類憐みの令」は撤回されている。

インドのカースト差別と日本の部落差別は、成り立ちがまったくちがうし、現状もちがう。アウトカーストは「うまれかわっても身分上昇はできない」とされている。ところが日本では、すべての人は、死ぬと浄土に行くとされ、現世では〝身上《みあ》がり〟もあった。

江戸時代は身分統制にがんじがらめにされていたというイメージが流布されているけど、じっさいには金をだせば身分を買うことができた。

研究によれば身分買いの標準単価もある。新選組の近藤勇《こんどういさみ》は、百姓身分から武士身分の郷士《ごうし》格に身上がりしている。百姓身分から郷士になる（在郷＝農村に居住する武士身分）には通常550両とされている。ただし、近藤は買ったのではなく、その功績によって身上がりしたとされる。地付きの武士になるには7千両とされ、豪商であれば買えないことはない。穢多身分からの身上がりもあった〔＊2〕。


――「畜男」「畜女」「旃陀羅」といった差別戒名がありましたよね？　日本の坊さんも「あの世」でも差別される存在といおうとしたんじゃないですか？

差別戒名は、被差別部落の人だけを埋葬している葬地にはなく、一般地域の人と被差別部落の人をおなじ葬地に埋葬するところでつけられている。つまり、「村八分」とおなじ構造で、包摂されているからこそ排除があるわけだよ。

話をもどそう。カースト制度は、バラモンというヴァルナ（色）が、全社会の階級と階層を宗教的に規定する。最も清浄なヴァルナとされるバラモン（祭司層）を頂点に、クシャトリア（王侯・戦士層）・バイシャ（商人・農民）・シュードラ（下僕層）そして「アウトカースト」。

現在は指定カーストとよばれる「アウトカースト」は、インド全人口の20％をこえており、さらにその中に、ヒンドゥーの教義できめられた上位―下位の階層が多数あるわけだ。

わたしがインドで聞いたところによると、カーストは「上に1千」、「下に1千」と説明されたが、それぞれのカースト間の交流はないそうだ。「下に」というのは被差別カーストには、という意味。

だけど日本の部落差別の場合は、部落か一般地域かだけでしょう？

ところが、日本の部落差別をカースト制にあてはめる研究者は、みんなそのことを無視している。まったくおかしいじゃない？　アウトカーストと部落差別がおなじというなら、日本の身分制を坊さんがきめたという話になるだろう？

支配―被支配の関係とヒンドゥー教が機能しあってうまれたカースト制を部落差別とおなじとする見解には、少なくともマックス・ウェーバー[註2]のような宗教学的、政治学的分析が必要なはずだが、それすら放棄している。

——ケガレ除去を専業とするアウトカーストと日本の部落差別には共通点があると漠然と思っていましたが。なぜそう思ったのか？と聞かれると、いろんな本で読んだ気がするから。

フンフン。つまり日本の近世被差別民が担ってきた〈役〉が、はたして「ケガレ／穢」とかかわるものなのかを聞きたいわけね？

＊註1　殺生戒　仏教の五戒のひとつ。生き物を故意に殺してはいけないという在家の信者が守るべきとされた戒律。

＊註2　マックス・ウェーバー（1864―1920年）ドイツの社会学者。『プロテスタンティズムの倫理と資本主義の精神』、『儒教と道教』『ヒンドゥー教と仏教』、『古代ユダヤ教』など。

2　肉食はタブーだったか

「近世において斃牛馬《へいぎゅうば》の処理は賤業だった」とされる。

しかし、これはそう言い切るほど単純ではなく、これを賤視しない地域もあった。

たしかに、動物の（死体）解体が「賤しい行為」とされたという言説は有力だ。それは「近代以前、肉食が禁忌とされた」という言説と関係している。


――「薬食い」と称して食べていたらしいですが、タテマエはタブーでしょう。


それは「江戸時代の日本は鎖国していた」というのとおなじで、明治になってから作為《さくい》された説にすぎないよ。

たしかに江戸時代の一時期には、建前としての食文化から肉食がすたれたこともあった。

しかし少なくとも戦国時代には、来日ポルトガル人がふえ、キリスト教の布教が盛んになり、それにしたがって肉食も普及した。

そもそも肉食の慣習じたいはキリスト教の教義とは無関係。ところが、キリスト教を攻撃する政権や競合する宗教によって、教義と肉食が結びつけられて、日本人が肉食を慣習化することが、キリスト教攻撃の材料にされた〔＊3〕。

かんがえてみればヘンだろう。明治になって一気に肉食が一般化するのはなぜかな？


――ふだんから食べていた……？


おおっぴらに牛馬肉を食さなかったものの、獣肉（いまでいう〝ジビエ〟）が一般に食用になっていたことが、記録にも遺跡にも残されている。肉食への抵抗は少なかった。

バテレンの日本観察記をまとめた渡辺京二『バテレンの世紀』（2017年、新潮社）にも、来日したオランダ・ポルトガル商人に、武士が牛肉料理をねだった記録が複数書かれている。「食べさせて」といわれて「はいどうぞ」と牛肉料理をだせるのは、食する牛肉があったわけでしょう。

また、中世の人びとは犬食を習慣にしていた。動物考古学者の松井章は、日本人がタテマエでは食肉を忌避しつつも、いつの時代も、金持ちが金をだせば牛肉を食することができ、武士もおなじく、牛肉、イノシシ、犬を食していたと指摘している〔＊4〕。

仏教によって屠畜や皮革が卑しいとされたなんて説は、そもそもが疑わしい。

農民も狩猟用に火縄銃をもっていた（一揆のさいは絶対に銃は使わなかった。農民一揆にも作法があった〔＊5〕）。獲物は地域によってちがうが、イノシシ、シカ、ウサギなどだったろう。

その目的は害獣駆除だけど、仕留めたモノは食べるにきまってるじゃない。

中国渡来の仏教には肉食を忌避する思想があったが、日本の民衆には一般的ではなかったと、文化人類学者の波平恵美子《なみひらえみこ》はのべている〔＊6〕。

3　死牛馬処理・皮革生産は触穢とされたか

――死牛馬処理は、江戸時代、被差別民が〈役〉として担っていたわけですよね？　肉食は、実際にはおおいにされていたとしても、「解体するのは死の穢れがつく」として、死牛馬処理への賤視があったのではないですか？

斃牛馬の処理を「ケガレ／穢」として、歴史的に忌み嫌ったという言説は、事実に反する。戦国時代の日本列島は大量虐殺社会だった。武士は、敵を殺すことが正義でもあったわけだからね。この場合、血や死への直接的関与は、「ケガレ」とは関係しません。仏教のケガレ観は、人びとのエートス（慣習）にはなっていなかった。

さらに、ケガレ観には地域性があり、斃牛馬の処理を「ケガレ／穢」とする観念は、関東にはなかったことがわかっている。

斃牛馬処理や皮なめしが「ケガレ」として忌み嫌われ、幕府や藩が、それを賤民に押しつけたというなら、奥羽（現在の東北地方）における穢多などの存在をどう説明するのかな？ケガレ観の薄いこの地域で穢多が存在した理由を「ケガレ」では説明できないよ。それに奥羽では穢多などの人口が少なかった。年老いて病に倒れた牛馬を誰が引き取ったのだろうか？　リアルにかんがえてごらん。すべての生き物は死ぬと内臓でガスが発生し、腐敗がはじまる。広い東北地方で、幾日もかけて斃牛馬を引き取りにいくあいだに腐ってしまうよ。

つまり、「ケガレ」意識のために斃牛馬の処理をやらせたというのは、実証されていない類推にすぎない。

皮革生産は被差別民のおもな収入源にならなかった

そもそも斃牛馬処理による収入で、被差別民は生計を維持できたのか？

このさいだから検証しておこう。

1つめに、生産手段としての牛馬は屠畜対象ではなかった。江戸時代には牛馬の飼育肥料として、干鰯《ほしか》や油かすなどが普及したが、その肥料代は高くて、牛馬の飼育コストと折り合わない。そのため農民は、人力にたよる脱有畜農業をえらんだ〔＊7〕。

そんな事情もあって、牛馬は江戸時代に減少する。つまり斃牛馬が減るんだから、斃牛馬からの皮革生産が、穢多や革田の生活を維持する主要な仕事になりえるわけがない。

2つめに、皮革による収入を試算すると、広島県の穢多、革田、非人が得られるのは、年間1人あたり0・05頭で、1人あたり「銀10・5グラム」にしかならない〔註1〕。

江戸や大坂での皮革生産が高かったのは、地方からの「1人あたり年間0・05頭」分の牛馬皮が、集積したから。

それに、皮生産によって得た富は、穢多（革田）一般にはまわらなかった。

皮革商いは、かれらのうち草場株《くさばかぶ》〔註2〕をもつ限られた人たちが担ったので、穢多（革田）全体の生活には影響が少なかったんだ。

＊註1　1879年の広島県の統計を幕末とほぼ同一とみなし、また牛馬皮の価値も同等とみなして計算する。県全体で、年間の斃牛馬は、1322頭。同時期の穢多、革田、非人の人口は、広島藩と福山藩をあわせると約27600人で、これも増加がなかったものとみなす。斃牛馬数を人数で割ると、年間1人あたり0・05頭分の皮革生産となる。雄牛皮革の平均重量は、1頭11・1kg。1800年代中期の大坂の皮革元買い価格は、1kgあたり銀18・8gだった〔＊8〕。それらから試算すると、年間1人あたり銀10・5グラム（いまの価格に換算すると約5000円）にしかならない。

＊註2　草場株　近世被差別民が斃牛馬処理を行う領域（範囲）を草場と呼ぶ。草場権＝斃牛馬処理権は通常、集落に付与され、それを分割し、特に古い家に与えられる。それを「草場株」という。

4　皮商いは賤民の専業だったか——一般民の参入

2つめ、皮革の扱いは、賤民の専業だったのか？

皮革は、弾左衛門を通じて幕府に上納されるシステムだった。そのために、皮革や革製品の生産は、穢多もしくは革田が専業で従事したとかんがえられている。

ところがね、必ずしもそうとばかりいえない。皮革商いには一般民の参入もあった。幕末に刊行された『和訓栞《わくんのしおり》』は、日本で初めての50音順インデックス付き国語辞典。それをみると、京都での皮革生産は「かわらもの」の仕事だが、いまの松阪にあたる伊勢国渡會郡《わたらいぐん》では平民が皮革を蓄えていると記している。編纂者の谷川士清《たにがわことすが》は、現在の津の出身。渡會郡は谷川の居所から歩いていける範囲で、伝聞で書いたものではないと思う。

――皮革の扱いは賤民身分にかぎられていたのでは？

そうではないことが記録にあるよ。

近世広島の城下町では、町人の皮革商人が「革屋町」を形成した。革屋町はいまの広島県庁に近く、現在の商業ゾーンの中心にあった。

『承応町切絵図』（1654年）と『天和町切絵図』（1683年）には、革屋町の地名がみえる〔＊9〕。近隣には道具屋町など職業にちなんだ町名がみえる。前者には18軒、後者には16軒、革屋を名乗る商家が記されている。家の主の名はたとえば、革屋彦三郎とある。

広島藩では、広島城下の町割《まちわり》が完成した時期、町の東西に革田身分の居住区がおかれている。

ところが、こちらの革屋町は、町割の中央部の商業ゾーンにあり、歴史的に革田の居住区であったことはない。

現代のわれわれは、「革屋」ということばに被差別部落を結びつけてイメージするけど、それは近代の感覚。近世の人たちのそれとは、まったくちがうと思うね。

おなじように和歌山藩でも、広島市中の革屋町と同様の町があったことがわかっている。また、幕末の徳島藩では、在郷で名字帯刀、５００石の禄《ろく》をもつ奉公人層に属する者が、１８４４年、諸革取締役となることを藩に願い出ている。

身分と職業が一体となっていた時代、穢多身分以外が諸革取締役となるのは、たしかに「異例中の異例」といえる。従来、穢多身分の諸革取締役は、１％のマージン（世話料）をとっていたが、願い出た人物は、マージンをとらないかわりに、大坂への牛馬皮の輸出を取り仕切ることで利益を得ようとした。この方法は、従来の皮革を扱う人びとにも商売上有益だと、かれは主張した〔＊10〕。

やがて封建制の障壁がとり払われようとする時代を目前に、旧穢多、革田身分以外の人びとが被差別民の専業とかんがえられた産業へ参入し、ビジネスチャンスを逃すまいとしている様子を暗示する記録だといえるね。

皮革や皮革製品については賤視する傾向が一部にあっただろうが、商品経済が発達していた江戸末期には、あらゆる商品が「他のどんな商品とも魂ばかりではなく、肉体をも取り換えようとたえず身構えている」と、マルクスが『資本論』でのべるように、資本主義社会の確実な到来を前に、商品が自由に動きはじめたことを、これらの記録はしめしている。

5　ケガレ概念は明治政府によって構築された

ケガレにかんしてさらにいうと、もし仮に、死牛馬の解体や皮革生産など、穢多や革田、その他の賤民が従事した仕事がケガレと結びつくとしよう。「ケガレは伝播《でんぱ》する」とされているのだから、皮革製品の利用者はどのようにしてケガレを禊（みそぎ）したのだろうか。

――ケガレは目に見えない観念で呪術とおなじ。だからお祓《はら》いでとり除けると認識されていたんじゃないですか。

なにを言いよるん？　もしそうなら皮革製品にさわるたびにお祓いせにゃならんじゃないの。全国のビジネスパーソン諸君！　ズボンのベルトを締めるたびお祓いしてますか（笑）。

重要なのは、権力の問題だよ。部落差別をケガレで説明しようとする人たちには、なぜかその視点がスッポリ抜け落ちているんだよな。

浅草弾左衛門はたしかに皮革業者としてぬきんでていた。それは、歴代弾左衛門の政治力の増大によるもの。弾左衛門の権力が江戸市中から関八州に拡大し、それにともなって、皮革の扱い高が増加したわけだ。いうまでもないが、弾左衛門がケガレた存在だからという理由で大量に扱ったんじゃない。

――被差別民を統率した弾左衛門の権力を、ケガレで説明できるか？と問われるとできないですね。ですが、幕府からあたえられた弾左衛門の身分呼称は、なぜ「穢多頭」なのですか。

またなぜ「穢多役」という名称があったのですか?

たしかに穢多は、穢れ(ケガレ)多いと書く。そのような賤民がいたのは事実だ。しかし、その語源はなんだろうか? まったく立証不能で、反証も不能。つまりそれは科学的議論の対象にはならないということ。

全国にはかつて40以上の賤民の呼称があったが、それぞれの呼称の意味を議論して、なにがわかるのだろうか? 現代の部落差別の解決につながる科学的分析ができるのだろうか?

ケガレ観は時代によって変容しているといったが、そもそも、いま議論されているケガレ論は、江戸時代の国学者、本居宣長《もとおりのりなが》(1730―1801年)や平田篤胤《ひらたあつたね》(1776―1843)のケガレ言説を、明治政府が公認し、浄穢の作法をとりきめたもの。ケガレ言説が明治政府によって再構築され、国家神道に利用され、近代のケガレ論として創作されたことはすでにあきらかにされていますよ〔*11〕。

1章30頁でふれたように、明治政府が「紀元節」をつくって「神武天皇が即位した2533年前に日本が建国された」といい始めたのが、1872年。

「天皇の伝統儀式」も明治につくられたもの。たいていの場合、「伝統」なんていう言説は後付けで、いわれるほど古いものはありませんよ。[註1]
日本人にケガレ意識があることは認めよう。しかし、それが近現代になって被差別部落を構築（あるいは再構築）する合理的要因になりえるだろうか？
欧米の視線を意識して、明治政府は「混穢の制」を廃止、仏滅・大安・友引などの六曜も禁止、「陋習《ろうしゅう》・旧習」と判断したものをすべて禁止している。祈祷も禁止、盆踊りまで廃止しているくらいだからね。

＊註1「伝統」について　古く続いてきたと思える日本の「伝統」も、じつは明治以降に作られたものが多い。「国技」とされる相撲も、土俵は四角の場合もあった。女性が土俵に上がってはいけないという「女人禁制」の「伝統」も明治以降のもの。チャンコ鍋の登場は昭和の戦後である。

6　統治の視点がない「ケガレ論」

斃牛馬処理や皮革生産にあたって、ケガレ意識のために穢多非人などの身分を制度化したとする説は、わたしにいわせれば、統治する側からみていないし、リアリティもない。スピリチュアリズムで260年間にわたる統治ができるわけがなかろう。

封建権力が、穢多（革田）役を準軍事力として設定したこと。これは非常に重要で、なぜ徳川幕藩体制国家のもとで穢多非人を制度化したかということと通じている。

幕府や藩の命令で、穢多（革田）は武装し、農民一揆の鎮圧、犯罪者の探索・捕縛、護送した囚人の牢番、消火、死刑を含む刑罰を担った。それを穢多（革田）役という。それは「職業」でもあり、対価が払われ、かれらの再生産を可能にした。

ここで、穢多や革田の生活状態を、職務によって得た1日の賃米からみてみよう。広島の豊田郡下市の記録にはつぎのようにある。

・牢の清掃（入牢者がある場合）＝1人1升
・入牢者1人について警備＝頭革田に2升
・小頭以下5名に各1升

・牢舎の警備（昼夜2人＝1人2・5升）
・犯罪者追捕＝1人1升
・刑の執行＝1人2升

このほか、かれらは地域の日常的な見回り・警備活動を担っているが、その報酬は村が支払っている。1819年の下市村は、1軒平均で、年間13・8斗（1斗＝18リットル）の対価を支払ったとある。

――村の警備はたとえばどんなことをするんですか？

外から流入する野非人《のびにん》や浪人、盗賊のとりしまり、入会地や用水路の見回り、消防など。日本法制史研究の牧英正《まきひでまさ》によると、命を賭して市中の消火にむかう穢多役の高い職務遂行能力を、役人は高く評価した〔＊12〕。

日常の訓練と高度な戦闘能力

百姓一揆のさいや幕末の内乱時に、鎮圧する側のかれらが、すぐれた戦闘能力を発揮した事例が、いくつかある（いっぽうで幕末期には一揆の先頭に立つこともあった）。

なかでも、1786年に福山藩でおきた天明一揆《てんめいいっき》の例は、興味深い。一揆は、藩主阿部正倫《あべまさみち》の幕閣就任などによって、藩の財政が逼迫《ひっぱく》したことが原因でおきた。そのうえ凶作となり、物価も上昇。農民一揆は、同年12月から翌年3月までの長期におよんだ。

このとき、福山藩の命にしたがって一揆鎮圧に出動したのが、穢多頭・三八《さんぱち》配下の40〜50名の人びと。三八たちは、左右が竹藪という地勢においこまれ、8千名の農民に包囲され、投石などの攻撃をうけた。40、50人にたいして8千人だよ。ふつうは絶体絶命でしょう？　しかし、三八たちは、脇差しを抜き、農民の包囲を破って帰還する〔＊13〕。

——時代劇ドラマに出てきてもよさそうなシーンですね。

これほどの戦闘能力は、ふだんから高度な軍事的訓練をしていないとムリですよ。

江戸の死刑執行は公開で、弾左衛門とその配下が関与した。火刑は、弾左衛門が直接点火した〔＊14〕。封建制度下であっても、法と作法にしたがって刑が執行された。

法の執行者である弾左衛門の権威は、代替わりのときの「町奉行への御目見《おめみえ》」（謁見）という公的な儀式をとおして、統治機構としての効力を持続した〔＊15〕。

この〈役〉の成立は、江戸時代以降で、仏教伝来とはまったく関係ない。

1846年、栄蔵《えいぞう》という非人の牢番が、永牢者となれ合い、永牢者（いまでいう終身刑の囚人）を逃亡させようとして伝馬町の牢屋敷に放火する事件が起きた〔＊16〕。境遇の近い入牢者（犯罪者）を周縁の人びとに管理させることは、なれ合いなどのリスクがあった。それでも穢多（革田）に刑の執行をさせるのは、なぜだろうか？

――武士が処刑を直接しない理由を、2章で「二重の保護組織」と説明しています。

そう。統治者は、残酷刑をおこなうことは名誉でないとかんがえる。だから、自分と自分の課す懲罰とのあいだに距離（バッファ＝緩衝帯）をおこうとする。そこで、専門に従事する人をおくわけだ。

たとえば1807年、松前藩主の失政から、北海道西部は一時期、幕府直轄となった。その間の刑の執行は、幕府が帯同した穢多と非人があたった。これが、穢多（革田）役の本質だよ。

7 「社会外」でも「アウトカースト」でもない

日本社会は農業社会であり、江戸時代は農民が全人口の8割を占めていた。被差別部落の形成は新田開発による農地拡大とも密接にむすびついている。もっとも大事なその点が見落とされている。

被差別部落を世帯と人口の規模でみると、1993年の総務庁調査では、全国の被差別部落の規模は、49世帯未満が68・6％。近畿、九州以外は、49世帯未満の被差別部落が70％以上を占めていて、都市部ではないところに点在している。

中国地方では、49世帯未満の被差別部落が79・7％で、9世帯以下の被差別部落は38・4％に上っている〔＊17〕。

つまり、9世帯以下の少数世帯の被差別部落が4割近い。そのことはなにを意味しているのだろうか？

――なんでしょう？

この規模では、一般民のコミュニティに包摂されないかぎり、日常生活が成りたたない。つまり、農村の一般民に包摂されて被差別民は存在していたということですよ。「社会外」でも「アウトカースト」でもありません。

このデータは公表されて久しい。ところがそれをみようとしないで、部落問題を「ケガレ」やカースト制で理解しようとする。それはあぶないよ。本質主義に陥ってしまう。

――本質主義とは？

ある集団やカテゴリーには、固有の「本質」があり、時代がかわっても変化しない、普遍的で絶対的なものだとするかんがえ方。たとえば、男や女はそれぞれ生物学的・心理的な「本質」があるとか、民族にも固有の「本質」があるとかんがえる。

ここでは被差別部落民が、そもそも「ケガレ／穢」と関係する「本質」があるととらえるわけだよ。

だけどね、部落民は、言語・慣習などあらゆる意味でドミナント（主流の人びと）とまったく同質であることがあきらかで、部落民としての固有の特徴はなにもありません。にもかかわらず、〈部落民はその「ケガレ」ゆえに屠畜、皮革などを「伝統的」に担った人びとを起源にもつ〉という俗説が定着している。

被差別部落民を、劣等で「ケガレ／穢」に満ちた集団とみる人たちも、「文化的差異をもつ集団」としてみる人たちも、他者としてみていることはおなじだといえるね。

——同対審答申には「同和地区の住民は異人種でも異民族でもなく、疑いもなく日本民族、日本国民である」と書かれています。にもかかわらず、「なにか理由が、なにかちがいがあるはず」と思っている人が結構いそうですよ。

それが、わたしのいう本質主義。答えをさきにいうと、「差異」がうまれるのではなく、「差異」の観念がつくられるだけ。

解放運動の中で、「ちがいを大切にしよう」といい始めたときに、必死で、一般地域との「差異」をさがしはじめた。

ある人は「芸能」に着目し、またある人は「皮革と屠畜」に、またある人は「竹細工」に着目する。「部落は多様だ」といいつつも、「被差別部落の芸能文化」とか「部落産業」というステレオタイプで部落をみようとしている。

「被差別部落と一般地域とのちがい」という言説が「科学」の衣をまとってつくられてきたことも事実。次章でみることにしよう。

4章 つくられた「部落の仕事と文化」イメージ

1　ある絵本が描いたもの

——「被差別部落と一般地域のちがい」が「科学」の衣をまとってつくられたとは？

ひとつの例をあげよう。『絵本もうひとつの日本の歴史』〔＊1〕（中尾健次／文・西村繁男／絵、解放出版社）は、河原を舞台に「被差別部落の歴史」が展開されている。

差別があまり厳しくなかった稲作と狩猟の古代からはじまる。物乞《ものご》い、カネたたきなどが発生する中世。鍛冶《かじ》、皮作りがはじまる中世後期。そして、石工、刀鍛冶、鉄砲鍛冶、よろい作りが盛んになる16世紀戦国末期へとつながっていく。

近世に、河原は近世城下町へ発展し、皮田村ができる。猿回し、鳥追い、人形回し、万歳などが発生する。17、18世紀の農村部では副業が発展する。江戸時代には太鼓作りが発展。賤民は、役負担として警吏《けいり》を担い、くづひろい、雪駄《せった》直しを生業とする。

皮田村では皮革製品づくりが発達し、そこが被差別部落につながるという文脈で、絵本は進行している。

――あの絵本は、中世から近世にかけて被差別部落が形成されていく過程がすごくわかりやすく描かれていると思いました。

「わかりやすい」というのは、ステレオタイプにおちいる罠《わな》でもあるからね。著者は、被差別部落発生のメカニズムをやさしく解説したかったのだろうが、じっさいにこうした歴史をもつ部落は、きわめてまれです。

さきにいったように、全国の被差別部落の68％は農村にある。ところが『絵本もうひとつの日本の歴史』では、農村に居住する被差別民が、皮革や芸能などの副業で生計を立てていたかのように読み取れてしまう。

つまり、農村では農業にはげみながら穢多（革田）役を担った人びとが多く存在した事実は、無視されている。

それに、中世の賤民居住地が、現在の被差別部落に連綿とつながっているという説明も非科学的だ。中世以前の街並みが残存する例は少ないし、まったくすたれ消滅した都市もある。

日本列島には中世遺跡がひじょうに少ない。そのなかで、広島県福山市の草戸千軒町《くさどせんげんちょう》遺跡［註1］は、鎌倉時代から室町時代にかけて約300年間続いた中世都市の遺跡として有名だ。木簡《もっかん》や呪符《じゅふ》も発見され、中世の庶民生活と地方都市の成り立ちがわかる重要な遺跡として注目される。

傷がつけられた犬の骨も大量に見つかった。それはつまり、犬肉が中世の人びとの一般的な食料で、肉を食べる文化がなかったという言説は、近代に作りだされたことを証明している〔＊2〕。

草戸千軒に賤民がいたかは不明。そしていっぽう、芦田川《あしだがわ》の河口にある現在の福山の被差別部落は、『絵本もうひとつの日本の歴史』のような歩みをたどっていない。また、当時、草戸千軒に賤民がいたと仮定しても、現在の福山市の被差別部落とのつながりを証明するものはなにもないし、そもそも場所がちがう。

したがって、この絵本のように、個別の被差別部落の部分的な特例を、被差別部落全体のありかたとしてしめす表現は、部落にたいするステレオタイプをさらに増幅してしまう。

＊註1　草戸千軒町遺跡　広島県福山市、芦田川河川敷で1961年の発掘調査により確認された。国の重要文化財。港町ないし市場町と推定され、1673年までに数度水没した。物流拠点として繁栄し、大陸との交易も盛んで、数多くの商工業者がいたとみられる。

2　東京の被差別部落

もうひとつの例として『部落に生きる　部落と出会う　東京の部落問題入門』（＊3）（「部落に生きる　部落と出会う」編集委員会編、解放書店）がある。

東京の部落問題は、弾左衛門、皮革、製靴《せいか》、屠畜《とちく》をキーワードに記述されることが多いけど、この冊子では、屠畜場ではたらく人と皮革生産に従事する人のインタビューに、多く誌面を割《さ》いている。インタビューは被差別部落の人びとが生きることへの心情を吐露していて、ひじょうに興味深く、心打たれる。

ところが、はたらく人へのインタビューや手記はこれ以外にはなく、現在の東京の被差別部落の労働を、屠畜と皮革生産の労働に代表させたといえる。

近世の歴史については、「革作りを担う民間の集団の登場」にはじまり、弾左衛門支配の文脈で記述されている。そのいっぽうで、この冊子では、農地獲得の過程をとおして、あらたな被差別身分集落が形成されたことにもふれている。

新田開発など農地拡大のプロセスで被差別部落が形成されてきたことは、日本社会が農業社会だという特徴からしても、もっとも重要なことなんだが……。

——江戸時代初期と比べると、全国の耕地面積は幕末に2倍にふえていますね。農地拡大のプロセスで被差別部落が形成されたというのは？

たとえば、鳥取藩の新田開発と被差別部落の関係は、ずいぶん前からわかっている。おおむね100ヵ所ある被差別部落の半数は、幕末間近に形成された。明治以降に形成された被差別部落もある。地方地主に使役された賤民身分が新田開発に動員されたんだ。おなじように、三重県松阪市の被差別部落18ヵ所のうち、12ヵ所が、幕末の成立であることが、確認されている。

話をもどすと、冊子『東京の部落問題入門』では、太鼓など皮革関連の仕事と関係づけられた記述で、近世の歴史は終わる。近代の記述も、被差別部落と職業・産業の問題が多くを占めている。

ある地域に限定すれば、部落解放運動に参加する人には、屠畜、皮革、製靴にかかわる人が多くみられることはたしかなんだ。ところが、被差別部落全体をみると、その歴史も現実も、それらの職業が代表するとはいえない。

3 「肉と皮」のイメージの刷り込み

——また怒られそうですが、今日の被差別部落の人びとが、現実にどんな職業についていたとしても、「肉と皮」にかんする職業と被差別部落には特別な関係があるという思い込みがあります。これまで語られてきた「肉と皮」のインパクトが大きいんです。

たしかにそういうイメージを抱いている人は多いね。ここで、企業内で人権研修をうけた人に「部落のイメージ」を聞いたインタビューの一部を紹介しよう。[註1]

小早川：部落のイメージは、あなたにとってどのようなものですか。
野　村：革、靴や精肉ということが真っ先に浮かびます。
山　本：私も同じです。あと竹細工ですか。そうした産業的なことをイメージとしてもっています。
小早川：では、それを仕事にしている被差別部落を知っていますか。
山　本：いいえ、具体的には知りません。
小早川：では、どのようにしてそのイメージを得られたのでしょうか。どこで「部落＝靴」という知識を得たのですか。
野　村：それは、書物などですね。
小早川：書物というと？
野　村：部落問題の解説書や専門的な歴史書などです。解放出版社とかの…。
小早川：明石書店？
山　本：そうです。それに私は、解放同盟などの学習会などで聞きました。
小早川：お知り合いの中に個人的な親交のある被差別部落の人はいますか。
野　村：この地域の人たちは顔見知りですが、親しい人はいません。他にもいません。

山　本：いるかもしれませんが、わかりません。

インタビューを通して共通するのは、部落の職業や産業の現実を、自身で確認していないにもかかわらず、食肉、皮革、製靴などと確実に結びついてイメージされていること。

近ごろ、屠畜をテーマに人権教育がおこなわれる傾向があるよね。内田龍史は「牛をわる作業をする人の心には牛をいとおしむ心」があり、「食肉労働者の命に対する温かい心にふれ、自分の生活を振り返ること」が人権教育のねらいであるという〔＊4〕。「血も涙もない屠場労働者」というスティグマ（烙印）に「温かい（心の）労働者」を対置したのだろうが、それは逆のラベリングにすぎない。そもそも「（心が）温かいか、冷たいか」なんていう主観的な問題を、研修で「そう感じなさい」と教えるのは、三流の宗教家が説く通俗道徳〔註2〕のすすめのようなもの。

――東京の屠場ではたらいている人は「屠場労働はふつうの仕事です」と語っていました。

＊註1　インタビューは2013年におこなった。インタビューを受けた人は1970年代に『部

落地名総鑑』を購入し、その後、人権研修をかかさない企業の社員である。

＊註2　通俗道徳　質素・倹約・勤勉・孝行といった生活態度を模範とする「国民精神」の涵養と訓育で「よりよき国民」へと導く。支配秩序を安定化させる通俗道徳の代表的なイデオローグは、報徳社の二宮尊徳（1787〜1856）

4　近代の屠畜——国家による屠場管理

くり返すと、近世の穢多や革田、もしくは地方ごとにことなる呼称でよばれる賤民身分の一部が、死牛馬の処理に従事したことはまちがいない。それを管理し支配するのは、藩とその支配機構だった。

ところが、近代にはじまった屠畜と屠畜場も、あたかも、近世賤民の〈役〉の延長上に、被差別部落民がその仕事をはじめたかのようにかたられる。

よく知られているように、最初の近代的屠畜場は1865年、外国人居留地に開設された。つぎに、大蔵省直営の築地牛馬会社。これは1869年、旧武士の失業対策と産業振興のため、明治政府が直接バックアップした〔＊5〕。この会社の運営は失敗し、その後、屠畜場の民間参入が可能になった。

――つまり、明治政府が国をあげて屠畜産業に力を入れようとしたわけですか？

ポイントは、近代屠畜産業の主体はだれか？ってこと。その主体は政府すなわち国家だった。もちろん屠場ではたらいている人を軽視するというのではなくて、食の問題について、だれが支配的に管理しているか、という点に目をむけてほしいんだ。

屠畜の国家管理がはじまった最大の理由は、食肉需要の拡大だ。欧化政策によって廃用牛を牛鍋やスキ焼で食べることが、明治初期に一般的になった。その需要にこたえるため、1873年から75年にかけて、地方都市にも屠畜場が設置され、つづいてニワトリなど家禽《かきん》の肥育《ひいく》もはじまる。

牛肉の消費は、軍隊の食糧（缶詰など）に導入されてから、いちじるしく高まる。日清、日露の戦争から帰還した元兵士たちが市中や家庭で食し、消費はさらに拡大していく。

――つまり食肉生産は軍需産業でもあったわけだ！

そう。屠畜の国家管理がはじまったもうひとつの理由は、衛生の問題。食肉需要の高まりをうけて、屠畜場の衛生が問題になった。

１９０６年には屠畜場法（現行法の原型）が制定される。

屠畜場の設立は公設が原則で、食用目的の獣畜の屠殺解体は、一部の例外をのぞき、さだめられた屠畜場以外では禁止。つまり、屠畜は国家の管理のもとでおこなわれ、私人の屠畜業への参入には厳しい条件を設けたわけだ。

ここからみえてくる明治政府の意図は、封建幕府とはまったくちがう。

衛生思想のもと、肉食を普及して食を豊かにし、生を向上させるというもの。これが近代の権力のありようだよ。

――戦争もしなきゃならないし、国家に役立たせるには、国民にもっと肉を食べさせて「肥育」しないといけませんものね。

そのとおり。旧賤民身分が死牛馬処理を担っていたから、引き続きやらせようなんてことを近代国家はかんがえませんよ。国家規模でないと「国民」の食はまかなえないからね。

――ところで、かつて話題になったハンナン畜産は大阪では有数の企業ですよね。ハンナンの元会長は「食肉業界のドン」と呼ばれました。

じっさいには、食肉・ハム・ソーセージを生産する日本の大手食肉製造会社上位4社は、被差別部落とは関係ない人の経営。にもかかわらず、被差別部落の一社「ハンナン畜産」をもって「食肉業界のドン」と表現したり、ある地域の一部の例をもって、部落全体を語ろうとする。

そもそもハンナン畜産の元会長が逮捕された事件は冤罪《えんざい》で、あれは被差別部落がスケープゴートにされたと思うね。じっさいの裁判でも全面無罪ではなかったが、おおくの起訴案件で無罪を勝ちとっているでしょう。食肉をめぐっては大きな利権があったから、ハンナン畜産をはずしたい奴がいたんでしょう。

5 「部落産業」にかんする「科学的」言説

――すると、「皮革や屠畜は差別されてきた仕事、だから近代も被差別部落の人びとによって担われてきた」という「部落産業」説はどうなるんでしょう？

江戸時代、全国の穢多（革田）役の一部は、斃牛馬処理を共通して担っていたけれど、近代になって、その仕事はしていない。もちろん、被差別部落の一部の人びとは、生きるために屠畜や皮革生産、製靴の仕事に必死でとりくんだ。ただそれは、工業化や産業化のなかで変化していくわけで、かわらずに続けられたのじゃない。

結論をさきにいうと、被差別部落にあって一般地域にない「固有」な仕事などはありません。現在の被差別部落民の職業は多様だということです。

近代皮革産業と被差別部落

明治以降の近代皮革生産は、富国強兵をめざす軍需産業としてはじまった。大資本を投

下して独占したのは、一般の経営者だった。[註1]

軍装に不可欠な皮革製品は、軍靴《ぐんか》、小銃ベルト、服装ベルト、鞄《かばん》、馬の手綱、鞍《くら》、手袋など。軍靴などの軍用品は、陸軍や海軍工廠《こうしょう》（工場）でまかなわれた。

被差別部落の資本では、明治維新後、弾直樹《だんなおき》（元の弾左衛門）がたてた事業所が有名だが、あとでみるように失敗する。そして、地方農村の被差別部落は、皮革生産とは無縁だった。

つまり近代以降、屠畜や皮革生産は、いっそう被差別部落との関係が薄くなっていく。

——明治以降、被差別部落の人びとの仕事はどうなったんでしょうか？

ひとことでいうと、造船であれ、製鉄であれ、繊維産業であれ、地域ごとに工業化がはじまっていくんだが、それを底辺で支えるようなかたちで、部落の仕事の実態は変化していく。もちろん、失業も深刻だった。

日本は基本的に農業社会といったよね。農村では押し出し効果という現象がおきる。たとえば長男は家の農地を継ぐけど、次男、三男は農家の手伝いもしながら働きに出る。地元に大企業が誘致されてくると、農家の次男、三男は、そこ（または関連企業）に勤めるというようにね。

つぎにあげる表は、広島県尾道市の被差別部落民が最初に就いた仕事の職種データだ。もし、「部落産業」というものがあるとすれば、最初はその仕事に就くだろうという仮定のもとで、はじめて就職したのはどんな仕事だったかをしらべたもの。

尾道市には屠畜場があったが、もし、屠畜が「部落産業」であったとするなら、最初に屠畜関連の仕事についたとしても不思議はない。ところが、そのような人は確認できない。

同対審答申と部落産業

では、「屠畜・皮革と被差別部落が深く関連している」という言説がどのようにつくられ、維持されつづけてきたのか？　くわしくは『被差別部落像の構築』で分析しているが、ここでは3点に絞ってのべておこう。

1つめ、1965年の同和対策審議会答申では、審議会のデータを無視して、屠肉、皮革、製靴などを、被差別部落民が従事する「伝統的産業」であるとした。

ところが、じっさいに皮革・製靴を上位独占していたのは、一般の大企業だった。

たとえば、明治初期から製靴産業を独占した大塚製靴株式会社は、和歌山藩の旧武士身

表　尾道市被差別部落民の初職（1970年調査）

10歳代	人数		20歳代	人数		30歳代	人数		40歳代	人数		50歳代	人数		60歳代	人数		70歳以上	人数	
	男性	女性		男性	女性		男性	女性		男性	女性		男性	女性		男性	女性		男性	女性
メッキ工	1		家事手伝い	3	3	土方	2		竹製品製造	1		電気屋	2		兵役	1		日雇	1	
工員	1	1	后員	3	5	職業訓練所	1		溶接工	4		農業	1		炭焼き	1		農業	7	3
養成工	1		溶接工	8		家事手伝い	1	1	兵役	3		工員	1	6	板前見習	1		家事	1	1
造船工	1		クリーニング	1		農業	3	2	鉄工	3		肉屋店員	1		店員	1		店員	1	
職業訓練所	1		職業訓練所	1		営業主任	1		工員	3	4	製畳業	1		板前	2		川魚漁	1	
家事		3	工員	9	5	鉄工	2		土方	2		製缶工	1		農業	7	8	鉄道工事土木	1	
車掌		1	養豚	1		靴工	3		闇屋	2		鉄工	1		理髪	1				
事務		1	機械工	3		左官	1		農業	5	4	製靴	1	1	工員	1				
			車修理	1		塗装工	1		養成工	2	2	家事雑役	1		雑役	1				
			洋服屋	1		店員	2	1	農業手伝い	1		鋲打	1		土方	1	1			
			板金	1		左官見習	1		下駄手仕事	1		配管工	1		新聞配達	1				
			ダンプ運転手	1		配達人	1		機械工	1		不定	1		清掃		1			
			製箱見習	1		工員	1	8	雑業	1		雑用	1		料亭経営		1			
			機械修理工	1		運転手	1		大工	1		丁稚奉公	1		紡績		2			
			店員	1		パーマ見習		1	店員	1		製菓見習	1		内職		1			
			バーテンダー	1		女中		2	機械修理	1		映写技師・弁士代理	1		女中		1			
			金属	1		筆筒製造		1	自動車修理	1		事務	1		家事		2			
			内職		1	紡績工		1	子守		2	造船工	1		紡績工		1			
			パーマ見習		2	子守		1	喫茶店手伝		1	女中		3	子守		1			
			ウエートレス		1				看護師		1	子守		1	畳表製造		1			
			縫製		1				タイピスト		1	家事		5	雑役		1			
			事務		4				内職		1	用務員		1						
			ミシン工		1				家事		4	帽子製作		1						
			看護師		1				製塩		1	手伝い		1						
			旅館手伝い		1				女中		1									
			バーホステス		1				ミシン工		2									
									食堂手伝		1									
									手伝い		1									
									寿司見習		1									
									和裁		1									
									廃品回収		1									

分の授産事業としてはじまっている〔＊6〕。

——同対審答申が、実態を無視してまで、屠畜や皮革を部落の「伝統的産業」とするのはなぜですか？

それが当事者の運動とも関係する2つめになる。

敗戦後の1947年、部落解放委員会（部落解放同盟の前身）は、皮革産業などを「財閥に収奪された部落産業」と規定した。

のちに部落解放同盟全国委員長になった朝田善之助《あさだぜんのすけ》は〔註2〕、製靴業者だったが、1949年、皮革・製靴などを「部落産業」として、その育成をつよく主張した〔＊7〕。

この背景には、部落解放運動のヘゲモニー（主導権）が小企業者にあったことがあげられる〔＊8〕。

1967年から「部落産業」は、「同和企業育成」を政府に要求する政治的目的にそって、部落解放運動全体のテーマとなった〔＊9〕。

――つまり、被差別部落の小企業者が解放運動におおきな影響力をもっていたわけですか。運動の要請から「部落産業」言説がたてられた事情は、外側からはよくわからないですね。

3つめは？

1965年の同対審答申以降のアファーマティブアクションを契機に、「部落産業」論は、部落問題研究のおおきなテーマになった。

1970年にだされた部落解放研究所の小冊子『部落産業の実態と問題点』〔＊10〕で、原《はら》田伴彦《だともひこ》〔註3〕は、「部落にとって、皮と肉は切り離しがたい存在」とのべている。

＊註1　軍事用は日本製革、民生用は東洋製革がそれぞれ独占。そのほか日本皮革、日本製靴、三菱系、櫻組（製靴）、新田製革など一般の経営者が近代皮革産業全体を支配していた。また新田製革は部落出身者を採用しなかった。水平社運動のなかで認識された「部落産業」は、被差別部落民が経営する皮革生産、製靴、履物の零細資本、個人経営の事業所をさしている。浅草は「くつとひかくのまち」といわれる。大串夏身の研究によると、明治初期の浅草にあった9社の主要皮革業者のうち、7社は被差別部落とは関係のない資本だった。「部落産業」論者は「皮革の仕事は差別をうける賤業」という文脈でのみ語るが、問題は、被差別部落民

の一部が従事していた産業全体のヘゲモニーを、だれが握っているかということである。

＊註2　朝田善之助（1902―83年）京都市内の被差別部落に生まれる。1946年、部落解放全国委員会の結成に加わり、1967年、部落解放同盟中央執行委員長に就任。

＊註3　原田伴彦（1917―83年）1968年より83年まで部落解放研究所初代理事長。

6　仮説と証明がない「部落産業」論

だけどね、「部落にとって皮と肉は切り離しがたい」という結論は、被差別部落全体のデータにもとづいて論証されているわけではありませんよ。

原田伴彦は部落問題研究の権威といわれていた人だが、『部落産業の実態と問題点』で、かれが根拠としてしめしたのは、関西地区のデータのみ。

製靴産業は大阪市西成区のデータを、屠畜は向野《むかいの》地区のデータのみがしめされている。さらに西成・向野のどちらも、ほかの職業や産業にたずさわる人びとにはふれていない。

皮革の仕事をしている地域だけをとりあげたら皮革産業は100％になるのは当たり前で

しょう?

わたしは、ある特定の被差別部落に特徴的な仕事の傾向を否定しているんじゃない。他の地域の被差別部落と比較しないで、あたかも被差別部落全体の傾向ときめつけることが危険だといっているわけです。

上田一雄の「部落産業」

原田伴彦につづいて、上田一雄〔註1〕は、部落の伝統的かつ典型的な産業として、グローブ・ミット、手縫い靴、食肉に着目している。

上田は、奈良県の被差別部落を対象に調査している。3カ所の被差別部落で野球のグローブやミットの皮革運動具生産に従事する人が多いことから、奈良県内の被差別部落では、グローブやミット生産は、被差別部落共同体の物質的基盤となっていると結論づけている〔＊11〕。


——グローブやミットは皮革製品。その多くが被差別部落で生産されてきたのですか?

奈良のグローブやミット製品の品質は優《すぐ》れていて、世界的にも高く評価されているのは事実。ただ、メインストリーム（主流）で量産しているのは、一般の大企業です。

上田が定義した「部落産業」に従事する人たちは、かれがフィールドワークした奈良の数ヵ所の被差別部落では存在したが、奈良県の被差別部落全体の傾向ではなく、当然のことながら、全国の被差別部落全体の普遍的な傾向でもなかった。

また上田は、「部落産業」がなく、投資がない被差別部落はスラム化するとまでのべているが、そのようになった被差別部落はありません。

＊註1　上田一雄　著書に『部落産業の社会学的研究』（1985年）など。上田は「部落産業」を〈被差別部落における被差別部落民の生活の共同性を規定するもの〉とする一方、「部落産業」は、現代の資本制社会体系から疎外されたところに存在しているという。生産関係をめぐるその説明じたい、非科学的である。拙著『被差別部落像の構築』（133頁）を参照のこと。

7　弾直樹の近代皮革事業——部落の「伝統産業」ははく奪された？

気になることはもうひとつある。

それは、「部落産業」論者たちが、家族ぐるみ、小規模の「伝統的部落産業」は、差別ゆえに、資本主義の競争のなかで大企業に奪われたというように主張していること。「部落民がその犠牲の上に立って付与されていた最低の生活保障すら奪い取った」〔*12〕という。

——水平社宣言にも「ケモノの皮剝ぐ報酬として生々しき人間の皮を剝ぎ取られ…」とあります。明治維新後、弾直樹は、皮革を被差別民の生活の糧《かて》となる産業に育成しようとしましたよね？「軍靴12万足、10ヵ年納入」を受注したのに、10ヵ年契約は1年を待たずに中止となり、弾の事業は決定的な打撃をこうむりました。

うーん、多くの人が、弾直樹の事業が市場で敗北したことを「奪われた」というよね。

1870年、弾は、新政府のバックアップで、皮革製造伝習授業および軍靴製造伝習授業御用製造所（以下、弾の伝習所）を開設する。それにさいして弾は、アメリカ人講師を紹介され、三越則兵衛（現在の三越百貨店の前身）が所有する皮革の加工を引き受けている〔*13〕。

弾の伝習所は、たしかに弾の配下の人たちの授産事業だった。

ところが、弾の事業は失敗した。

その原因は、弾の経営戦術上の誤りにある。弾は、旧来の皮革扱いの「特権」に固執した。


――特権に固執したというのは？


弾直樹は屠牛馬ではなくて、斃牛馬による皮革生産に固執した。つまり、旧時代の生産手段に固執したわけだ。

それにたいして、いわゆる身分の解消を命じた１８７１年の太政官布告は、斃牛馬の皮革処理の「特権」に依拠しようとした弾の思惑を最初から拒否した。なぜならその「特権」こそ、かつての身分制を象徴するものだったからだ。

時代はすでにかわっていた。あらたにはじまった皮革産業は、ヨーロッパ方式の「屠牛馬」の皮革を原料とする。つまり、畜牛したものを落として皮をとる生産法でないと資本主義的競争には勝てない時代になっていた。

しかし、そのことが被差別部落民の弾直樹から近代皮革産業を奪ったことにはならない。それは、新政府の兵部省《ひょうぶしょう》が弾を支援したことにあらわれている。それに、弾の伝習所出身者は熟練者となり、弾の事業が失敗したのちに各地で活躍していく。

ようするに「伝統的」従事者たちは、皮革産業の近代化を積極的に受け入れたわけで、被差別部落民が、一方的に仕事をはく奪されたとする論は成り立たないんだよ。

武士の授産事業としての近代皮革産業

皮革生産の「近代」は、和歌山藩が、ヨーロッパから技術を取り入れ、1870年に「和歌山商会所西洋沓仕立方並鞣革製法伝習所」(以下、伝習所)を設立したことにはじまる。和歌山藩の事業は、穢多身分とは対極にある武士身分の失業者の授産事業としてはじまった。創立当初の伝習生は、すべて士族出身。プロシアから講師を招いて、軍靴などの皮革製軍用品を生産した。この伝習所からは、皮革産業をけん引する人材が輩出された〔＊14〕。

和歌山藩にかぎらず、静岡藩でも武士の授産事業として近代的皮革生産に着手したことがわかっている。

8 被差別部落内にあって被差別部落外にはない仕事はない

さきにいったように、同対審答申は、皮革・毛皮・靴・履物・竹細工・獣肉・膠《にかわ》などを部落の「伝統産業」として、「世襲的色彩が濃い」産業であるとした。

ところが、答申に先立っておこなわれた被差別部落の精密調査の対象は、全国4160ヵ所のうち、わずか16ヵ所。きわめて少数の分析でしかない〔＊15〕。

あなたも承知しているように、答申は、同和対策事業の実施を前提にしたもの。つまり、何らかのアファーマティブアクションをおこなう政治的課題が、まず先にあり、そのためのバイアスもはたらいている。

といっても、そのことをわたしは批判しているんじゃないよ。

同和対策事業は、国が三分の二、地方自治体が三分の一の予算をだすプロジェクト（実質はほぼその全額を国が負担）。被差別部落の人びとの就労・生活基盤や生活環境、就学率などをすこしはかえることができた。

当事者たちが、みずからの生活改善と社会的差別の撤廃運動のために「答申」を受け入れ、それを活用することは、戦術的問題だ。それを選択するかどうかは、当事者自身が決定する事柄であり、政治的な選択でもある。

その選択と、社会科学として「答申」を理論的に批判することは、まったく次元のちがう話じゃないかな。

被差別部落民は公的には4500余りの部落で暮らしている。そのうちのごく限られた事例だけで、他の圧倒的大多数の部落についての検討を加えないままに、「部落産業」説がひとり歩きしている。


――「皮革や食肉は部落産業」というのは定説だと思っていましたが……


もちろん、被差別部落には、「部落産業」とされた職業・産業に従事し、その発展に貢献した人たちはいた（今もいる）。しかし、全国の大多数の部落では、皮革生産、製靴、屠畜精肉に従事しなかったし、部落の人の仕事としていちばん割合が高いのは農業[註1]ですよ。

にもかかわらず、皮革や屠畜と部落を結びつけて特徴づけようとするのは、なぜだろうか？

＊註1　被差別部落の農家率　1925年、1930年、1935年の「職業変遷の概況」では、零細であっても、被差別部落の農業従事者が50％をこえる。農家率の割合は国全体の農家率と共に下落しているが、それでも農業の占める割合は依然として高い。

9　竹細工は部落の伝統的産業か？

――竹細工はどうですか？　被差別部落との伝統的結びつきはないのですか？

そうくると思ったよ。華道や茶道の道具につかわれる竹製品は、日本の「伝統」文化と結びついているように思われている。

『部落問題・人権事典』では、「部落の伝統的産業で、鉢屋・茶筅・ササラと呼ばれた雑種賤民も竹細工を生業とした」と解説しているけれど、ほんとうにそうだろうか？

わたしは、竹細工生産は部落の「伝統」的産業ではなく、竹細工が被差別部落の専業という観念はつくりあげられた、という仮説を立てて調査した。

くわしい分析は『被差別部落像の構築』をみてほしいが、「部落産業」言説を知の権力がつくりあげたという点で、わかりやすい例だと思うよ。

10 『竹の民俗誌』

被差別部落と竹製品生産にとりくんだ研究に、沖浦和光《おきうらかずてる》〔註1〕の『竹の民俗誌』〔＊16〕がある。沖浦は、竹細工と部落の結びつきのルーツを『竹取物語』にもとめている。『竹取物語』の竹取りの翁は、持ち主のない山に入って竹を伐《き》る卑しい民とみられていた。「竹細工」をする者たちは、昔から貧しい賤民であったという。そして、箕《みの》や笊《ざる》や籠《かご》などを作って売り歩いたと、古くから語り伝えられてきた。これは柳田国男の『竹取物語』解釈に依拠している。

――『竹取物語』の伝承から語られるこの本は、ロマンがあって面白いです。

だけどね、『竹の民俗誌』は小説じゃなく、学術研究書として書かれているんだよ。ところが、この本のどこを読んでも、竹細工が、中世・近世から現代の被差別部落に続く伝統産業であることは論証されていない。

――江戸時代に被差別民の〈役〉として担われたのではないと？

そう。身分と職業が一致する「役の体系」のなかで、穢多役や革田役が〈役〉として竹細工を担った根拠を、沖浦はしめしていない。

それに代えて沖浦は、農山村の被差別部落だけでも300をこえるフィールドワークをしたという「実績」をしめし、結論をつぎの6項目にまとめている。もっとも「東日本の部落は数多く訪れていないのではっきりしたことはいえない」という条件をつけてはいるけどね。

（1）西日本では、竹細工は、近世以来の被差別部落の伝統産業であった。
（2）九州を筆頭に、四国、中国地方（広島と岡山）の山間部から近畿地方にかけての被差別部落では、専業で竹細工に従事していた。
（3）フィールドワークの結果、近畿の数百ある被差別部落の3分の1は、竹細工に従事したことがわかる。
（4）それらの被差別部落での商品は、農具、生活用品である。
（5）1960年代に化学製品の普及と農業の機械化によって市場を失った。
（6）竹《たけ》箕《み》と賤民が強く結びついたにもかかわらず、歴史の表舞台に「箕《み》作《つく》りを中心とした竹細工」が現れないのは、製作者たちが山奥の「歯《よわい》せられざる窮民」＝被差別民であったからである。

ここで、山奥の「歯せられざる窮民」は「サンカ」[註2]だと、沖浦はいう。「サンカの人びと」は、「主に竹細工と川魚獲りを生業としていた。中でも箕作りが得意であった」とのべ、箕作りの源流が「サンカ」にあると推論している。

——サンカの話はロマンティックな存在として、興味をそそられますね。

「サンカ」は科学的に存在が実証されたことのない、架空のマイノリティだよ。

小説ならいざ知らず、架空の存在を竹細工の議論と結びつけるのは、危険きわまりない。話をもどそう。沖浦は、300をこえる被差別部落を訪れたというが、統計資料をあげていないし、西日本に所在する竹細工生産地を、わずか3ヵ所しかしめしていない。それをもって「竹細工は被差別部落の伝統産業」だと断言している。

わたしには、沖浦ほどのフィールドワークの経験はないが、広島、岡山、島根の被差別部落の職業・産業と、一般地域のそれを比較調査した結果、かれの認識に疑問をいだいた。結論からいうと、竹細工・竹製品の生産者は、被差別部落のみに存在していたのではない。それは、被差別部落をふくめた農村の一般的な副業のひとつだった。

もちろん、調査した被差別部落には、現実に竹細工を実践するひとりの製作者がいた。また、竹細工にとりくんだ被差別部落が、過去、たしかに存在した。

しかし、竹細工がこれらの地域の被差別部落に普及し、「部落産業」と断定できうる状態で存在したとはかんがえられない。

11　フィクションが「事実」として流通しているのはなぜ？

もし仮に、「竹細工が被差別部落と伝統的に結びついている」というなら、研究者は科学的に論証すべきだろう。だが沖浦は、古代の物語「竹取物語」と接続させせただけであり、たんなるロマンティシズムとしかいえない。

また、「竹取物語」に依拠する沖浦の議論を評価する民俗学の赤坂憲雄《あかさかのりお》は、「中世に穢れの除去をキヨメ役として担った非人たちは自ら竹の箒《ほうき》を作っている。そこでは竹に穢れを祓《はら》う呪力が秘められていたのではなかったか」と推論する〔＊17〕。

たしかに中世にはキヨメといわれる人びとがいた。だが、その人びとが「キヨメ役」として存在していたとはいえない。もし仮に、赤坂がいう「キヨメ役」が存在したとして、それが現在の被差別部落とどう関係しているのか、赤坂はまったく説明していない。

ひとことでいうと、「竹細工は被差別部落の伝統産業」という言説には、学術的な客観性もなく、科学の装いをほどこした創作にすぎない。

「科学的」研究と平行して、竹細工と被差別部落をめぐるさまざまな物語がうみだされ、拡散された。そのひとつに石田《いしだ》涇源《けいげん》と加藤明の共著として、解放出版社が出版した『竹細工に生きる』〔＊18〕がある。

『竹細工に生きる』の決定的な問題は、歴史にフィクションを混入したこと。この本のサブタイトルは「文化・歴史・物語」とある。しかし、部落差別の撤廃という現実課題から公刊された出版物なので、「物語」はフィクションとしては読まれない。

さらに、加藤がしめした「事実」はほとんどがフィクションで、みずからが抱く被差別部落民についての観念にそった創造物としかいいようがない。たとえそれが善意から発していたとしても、事実の歪曲《わいきょく》は許されない。

1つ例をあげる。加藤明は、この本だけでなく、他の学術書のなかでも、800人の働き手がいる竹細工工場が岡山県勝山にあったと書いている〔＊19〕。わたしは実際に探したが、そのような大規模工場は形跡すらなかった。ねつ造だと思う。

12　竹細工の〝発見者〟たち——受難の神聖化がもたらすもの

竹細工について発言する研究者たちは、竹細工の仕事が差別の対象だったという。たしかに被差別部落民の竹細工生産者は、差別にさらされてきた。でもそれは、「竹細工の仕事をしていたから」だろうか？

そもそも農家の副業は農閑期《のうかんき》の仕事で、被差別部落だけでなく一般農家もさまざまな副業をした。木こりや日雇いなど現金収入が得られる仕事はなんでもした。その業種はきわめて多様で、そのひとつが竹細工だった。

１９００年代から30年代、政府の主導する部落改善運動のなかで、農村の被差別部落に副業が奨励された。その中に竹細工もあったが、やがて１９６０年代にはケミカル製品にとって代わられる。

——「穢れを祓う呪力が竹に秘められていた」というのを読んで、「オオッ！　そうか」と。竹細工と被差別部落がイメージとして結びついていました。

一方で被差別民を「穢れている」といい、もう一方で「穢れを祓う力をもつ」？

古代の呪術にまつわる研究なら、それはそれですればいいけれど、21世紀の部落問題を議論するのに、呪術をもちだしてどうするの？
被差別部落民によって竹細工が伝統的に営まれてきたという根拠はなにもない。にもかかわらず、竹細工の〝発見者〟たちは、被差別部落とつよく結びついたその仕事は、汚辱《おじょく》にまみれていたと真っ先にかんがえる。そして竹細工を、職業と部落差別という二重の受難の象徴《しるし》として位置づけた。
竹細工の〝発見者〟たちは、現実の被差別部落民がその仕事をしていないにもかかわらず、その職業を誇りに生きることを推奨し、賞賛する。だけどそれは、部落民自身の内部からうみだされたものじゃない。「竹細工＝賤業＝被差別部落民の専業」という図式の考案者たちによって、押しつけられたといっていいと思うよ。

――石田溼源さんは、美術展への出品制作を周囲からすすめられています。

そもそも竹細工の〝発見者〟たちは、その仕事に将来性があるとは思っていないからね。はっきりいうと「失われた歴史」を取り戻そうとする「受難者の物語」が欲しかった。「物語」は歴史の中にまぎれ込み、いつしか「真実」に成長する。

石田は途中、工芸作家を志した。三次《みよし》市教育委員会の職員から広島県美術展への出品をすすめられている。だが、石田自身も回顧するように、現代美術作品のレベルは非常に高く、その制作はたやすいことではなく、石田は断念した。

やがて「竹細工三代」とのべるように、被差別部落の専業として「伝統的」に継承してきた仕事であるという観念が構築された。

ファクトチェックされないのはなぜ?

――「竹細工は部落産業」説がファクトチェックされてこなかったことじたい、ふしぎです。

それは、部落の特殊性を必要とする人びとのエコノミーがあったからだろうね。

差別をうける現実はたしかに厳しい。問題は、それをかたるのに、部落の「悲惨さ」をことさら強調したり、部落の「特殊な産業」として説明しようとすること。

「部落産業の歴史」と「被差別部落の文化」にかんする議論は、商品としての竹細工生産がなくなった1970年代以降にはじまっている〔＊20〕。

つまりそれは、解放運動が、被差別部落内の経済と労働環境の改善に力を入れていた時期と合致する。

部落の貧困の問題を「産業」の概念でかたることは、零細企業の経済支援策や、税制における「同和対策控除」をもとめるものでもあった。

そして、研究者も解放教育の実践者も、部落解放運動同様に、政治的な存在だったといえる。かれらのコミュニティの中で、その研究内容、主張、立場は、運動の要求を忖度《そんたく》するベクトルがはたらいてきた。

それはまた、「権力は上からくるものだ」と信じ込んでいるからでもある。

権力が下からもくるとわかっていても、それが自分（たち）であるとは認識しない。主観的には善意であったとしても、客観的には、本質主義的な被差別部落像を、「科学的」研究の名のもとに生産し続けてきたことは事実でしょう。

＊註1　沖浦和光（1927―2015年）社会思想・比較文化論。『竹の民俗誌』『日本民衆文化の原郷』『アジアの聖と賤』『日本の聖と賤』（野間宏との共著）『幻の漂白民　サンカ』『部落史の先駆者・高橋貞樹』など著書多数。

＊註2 「サンカ」「サンカ」は、かつて民俗学の立場から柳田国男がしばしば論述したが、「サンカ」が実在したという科学的証拠は、どこにもない。実証的研究もない。「サンカ」の物語を流布した小説家・三角寛の娯楽小説上の「学説」と同じく、警察権力からの伝聞の二次利用、三次利用にすぎない。「サンカ」という用語も、三角の「学説」に依拠した警察用語にすぎない。近代に入り、野宿者、「乞食《こつじき》」が、取り締りの過程で「サンカ」としてカテゴライズされたが、これは、犯罪者集団と見なされていた「乞食」の、さらに下の階層を表現するために、権力が使用した用語である。

5章 近代は被差別部落民を、差別の中で「生きさせた」

——被差別部落民の国民化

1　いわゆる「賤民解放令」直後の状況

――「ご維新」ののち、見知らぬ役人がやってきて、戸籍を作るから出頭しろとか、徴兵令や地租を押しつけてくる。〈役〉として担っていた警固・見まわりは、あたらしくできた警察に替わります。幕末から明治にかけて、どんな変化が被差別民を襲ったんでしょう?

江戸時代の日本は基本的に農村社会だった。それぞれが身分にもとづく公務、つまり〈役〉をはたす職分社会のなかで、被差別民はおもに農業社会の構成員として居住しながら、穢多役・革田役・非人役などをつとめ、報酬をうけていた。

明治国家はその関係をすべてチャラにしたわけだ。法制上は「国民」となり、土地を離れて自由に移動でき、職業選択も自由になった。

産業資本主義の展開のなかで、封建時代の身分制に出自をもつ被差別民の一部は、さまざまな事情で困窮化した人びととともに、近代社会の周縁の民として再編されていく。

維新動乱下の東京

――１８７１（明治４）年、明治政権はいわゆる身分の解消を命じた太政官布告をだします。急激な変化にみまわれた被差別民の状況を、具体的に記述しているものはありますか？

はっきりいってありません。

２章で弾左衛門が〈役〉を解かれた話をしたが、かつての身分制を象徴する〈役〉を解かれた被差別民たちが、その後、どのような情況にいたったかを具体的に示す史料は、１９１８年の米騒動のころまででてこない。かろうじて明治大正期のジャーナリスト・横山源之助（１８７１―１９１５年）が、１８９９年に『日本之下層社会』を出版し、東京の貧民世界における被差別部落民について論述している。

塩《しお》見《み》鮮《せん》一郎《いちろう》さんが『貧民の帝都』（文春新書）で、徳川政権の倒壊後、下層民が取り残された江戸（東京府）で、生活の糧を失った人びとが、三田や麹町、高輪に設置された救貧所に収容されていくようすを描いている。下級武士のなかにも、主人に見捨てられ、養育院に収容される者がでるなど、とりわけ東京は、以前とはまったくちがう社会にかわった。その様子を、大串夏身《おおぐしなつみ》さんの労作『近代被差別部落研究』〔＊1〕から紹介しておこう。

明治初年、東京の被差別民は、「非人」は、浅草、品川、代々木、深川、木下川《きねがわ》の各「非人頭」に統率された者に野非人《のびにん》（無宿の困窮者・逃亡者／編集部註）をくわえると、約4370人、「エタ」は浅草1673人、練馬443人、大井338人などであった。これらの部落民の生活は大変苦しかった。特に「非人」は、従来の生活ではどうにも生きていけないほどに困窮していた。「非人」は都市清掃業務刑務の一端をになわされ、その労働に対して一定の代価をうけとるとともに、日勧進と称する町家からの金銭の徴収、紙屑拾い、雪駄《せった》直しの収入で生計を立てていたが、「解放令」はそれらの生活の糧を奪った。

禁をおかして彼らは日勧進を続けた。これに対して政府は、徹底的な取締りに乗り出す。（中略）…続けざまに市中を徘徊する乞食をとらえ、養育院に収容した。厳しい取締まりの中で彼らは、紙屑拾い、車夫、力役、日雇い等の雑業に生活の糧を求めてゆかねばならなかった。

（『近代被差別部落研究』27頁　大串夏身）

都市スラムの出現と被差別部落の膨張

明治初期は、近世の身分が解体され、あらたに階級がうまれてくる時代だった。維新の混乱で発生した多くの困窮民は、都市へと流れ込んでくる。

東京市に流入する人口は、明治10年代半ばでは7～8万人だったが、明治17年には14万人をこえ、翌18年には22万人に急増した。

殖産興業政策によって、近代工場が建設され、都市に流入した人びとの一部は、工場労働者へと身を転じていく。近代東京の町ではスラムが形成され、長屋、木賃宿が建設され、労働者たちが集住する。旧賤民のコミュニティとスラムの境界がファジーとなりながら、近代東京の都市社会が形成されていく。

いっぽう、殖産興業に必要なあらたなエネルギー源がもとめられ、江戸幕府の鉱山（佐渡金山・生野銀山・足尾銅山）や造船所、藩主導で採掘されていた高島炭鉱や三池炭鉱などは、明治に入ると破格の条件で財閥《ざいばつ》に払い下げられ、大がかりな開発・経営がなされるようになった。地方では、炭鉱（鉱山）労働者へと身を転じた人も多くいた。

ある人は出世して部落外に出ていく。またある人は行方知れずになる。海外移民として出ていく人もいた。

資本主義システムにおいては、商品経済を核として社会が動く。あらゆるものが〈商品〉となって市場に売りに出される。生産手段をもたない（つまり自力で商品を作ることができない）人間は、自分の労働力だけが商品だ。

――遊廓や遊女は江戸時代に存在したじゃないですか。貧しい村から娘が身売りされました。それだって人間の商品化ではないですか？

2 「芸娼妓」廃止の布告でなにがかわったか

たしかに江戸時代では、幕府や藩の公認の遊郭が繁盛する。はなやかな芸能者にみえる花魁《おいらん》だけど、現代からみればあきらかに人身売買ですよ。

ただ、遊女への差別が厳しくなったのは、明治に入ってからだ。

1872年、明治政府はいわゆる「芸娼妓解放令《げいしょうぎかいほうれい》」とよばれる太政官布告をだした。「娼妓の年季奉公を禁止して遊女の借金はすべて棒引きにする」という。

だけど、この布告を新政府の開明性とうけとるわけにはいかない。

なぜなら、これによって江戸時代に幕府や藩の許可を得て営業していた遊廓は否定されたが、明治政府は、売買春そのものを禁じたわけじゃなかった。

あらたな「娼妓規則」は、本人の真意であるなら、出願を許し、国家が「鑑札」をあたえて、登録し管理する。さらに、鑑札料として毎月2円を国が徴収するというもの。

——西欧諸国とその植民地でも、登録制度と性病検査義務づけで公娼制度を支配しました。明治政権は、それをまねて、遊廓制度を再編して、公娼制度をつくっていったわけですね。

かつて遊廓ではたらいていた遊女らは、あらたに創設された連隊駐屯地や軍港周辺に置かれる。近代国家の富国強兵策と公娼制度は密接不可分のものとなったわけだ。日清戦争では24万人、日露戦争では110万人の兵士たちが海外に動員されていったわけだが、公娼制度も付随《ふずい》している。

それだけじゃない。近代衛生思想のもと、「鑑札」でタグ付けされた公娼は、性病検査を義務づけられる。「本人の真意」により「自発的に公娼となった」とされた女性への賤視、さらには性感染症の元凶というあらたなまなざしが加えられ、娼妓への差別意識はいっそう厳しくなった。

誤解をおそれずにいえば、いわゆる賤民身分の解消を命じた「解放令」と、「芸娼妓解放令」とよばれた2つの布告がはたした機能には、共通するものがあるね。

3　近代被差別部落

――明治以後、近代被差別部落が再構築された、というのはどういうことですか？　近代被差別部落は、近世の賤民集落を核に形成されていくケースがやはり多いのでは？

たしかに、系譜的に旧革田村などの賤民集落がコアになって、それが移転したり膨張したりしながら、近代被差別部落となっていった側面は否定できない。

多くの被差別部落では、近世賤民の一定部分を核としながら、他の被差別民や、一般民であった人びと（他の諸階層から）の、流入流出がくり返されてきた。

逆に、近代になって、旧賤民集落が消滅したところもたくさんある。

その変化をみれば、近代被差別部落は再構築されたといえるね。

明治になって数十年のうちに、都市部では、極端な貧困化と食うや食わずの生活のなかで仕事をもとめる人、没落した貧農層も流入して、スラムを形成する。スラムと被差別部落の境界がファジーになり、その地域全体が「貧民部落」として差別の対象になっていくこともあった。

——農村では？

農村の被差別部落の場合は2つの類型があらわれる。ひとつは一定の農地をたくわえて農村化をたどることができた村。なかには大地主になる人もいた。

もうひとつは、村ごと失業をよぎなくされ、日雇い、出稼ぎを主たる生業としなければならなかった村。そうした村から困窮者が都市に出る。また次男、三男を都市に押し出していく。

だけど、日本の農村全体でみると、農村はそれほど大きな変動はおきていない。都市に人が流入し、爆発的な人口増加がおきているので、農村も変貌しているようにみえるわけだ。いっぽう、都市の被差別部落には、人口のふえかたをみただけでも、あきらかに近代部落へと構造変化したことがよみとれる町がある。

広島市内の大型都市部落・F町（旧革田村）の人口は、1871年に889人だった。それが、軍需産業の発達にともなって、1945年（被爆前）には60337人と、約7倍になっている〔＊2〕。

これはなにを意味していると思う？

――仕事をもとめて人が流入してきたわけですね。

そのとおり。もちろん、くいっぱぐれた人もいるけどね。

F町では、軍需産業にかかわる鉄道・缶詰・軍靴、あるいは車夫や土方など、あらゆる職業が、人口の膨張をもたらした。この現象は、他の被差別部落からだけでなく一般から人びとが多数流入して、大型都市部落がつくられていったことをしめしている。マルクスが、「古い存在様式の連綿たる没落の産物」(『資本論』)と表現したように、近代被差別部落を成立させている社会構造は、過去の歴史とはまったくちがっている。「古い存在様式」が解体され、身分も階級もガラガラポン。他の諸階層の人びとの流入流出をくりかえし、被差別部落は、再編、膨張、縮小、消滅、創設されていった。

——近代被差別部落の構築というのは、いろんな要素があるわけですね。

そうだね。さきに話した広島のF町以外にもさまざまなケースがある。大阪の中心部ではおもに軽工業の中小企業が、市街地と軒《のき》を接して建てられていた。そこにはたらく人は、日雇いの労働者が多かった。そうした日雇い労働力(港湾労働者も含め)を供給するスラム生活圏が、工場地帯の周辺に形成されていた。

西成はその最大の街のひとつだった。西成と接する西浜《にしはま》部落(旧渡邊村)は、近世の役人村(刑吏役をつとめた)でもあり、諸国から皮革を集める集積地として繁栄していた。近代にはいって、部落外の資本が参入し、近代的な皮革工場がたてられる。労働者が流入する西浜は、南北と東に膨張していき、1920（大正9）年には、面積は旧渡邊村の5.6倍、人口1万6千人を数えている。

ところで、被差別部落が形成されたとわたしがいうのは、近世賤民集落ではなかったところに、近代になって、まったくあたらしく被差別部落があらわれたケースなんだ。

軍港都市となった舞鶴市や、広島県では呉市や尾道市などに、あらたに被差別部落がつくられた。

栃木県では、明治以降に成立した被差別部落が数地区にのぼっている〔＊3〕。

皮革生産の活動が自由になり、部落以外から公然と参入がはじまるなかで、「身分の上昇が可能になる」との甘言のもとに移転させられたんだ。その移転先に、他所から流入してきた人びとともに、あらたな被差別部落が形成されている。

三重県津市は、1959年、伊勢湾台風にみまわれた。その復興過程で、あらたな被差別部落の形成が報告されている〔＊4〕。被差別部落、一般地区住民ともに災害復興住宅に入居したが、数年後には災害復興住宅地が被差別部落と名指しされるようになった現実は、わたしも確認した。

――「被差別部落は近世の革田（穢多）村から連綿と続いてきた」とイメージされるのはなぜでしょう？　近代に形成された部落もあり、あらたに部落民となった人も多いのに？

「万世一系」とおなじですよ。皇紀2600年、日本民族は上古から連綿とつづいてきたという「国民意識」がくり返し刷り込まれたからね。

たとえば、万葉集は「天皇から庶民までを貫き、おなじ空気を吸ってきた日本民族が誇る国民歌集」とされているよね。近代国家としてのまとまりを急いで作り上げねばならなかった明治政権は、奈良時代の和歌集をおおいに活用し、日本人は大昔から、万世一系の天皇を父として一つの家族のように肩を寄せ合って生きてきたのだと教え込んだ。歌人の正岡子規《まさおかしき》や折口信夫《おりくちしのぶ》もそれに動員されて、「日本民族」が発見されたというわけだ〔＊5〕。

おおきく誤解されているようだが、近世賤民に系譜をもつ人が、みずからを「部落民」と認識したとしても、それは、近世から連続しているという意味においてじゃない。

たとえ、近世から血縁的につづいているとしても、近世の被差別身分と近代の被差別部落民は、社会的な意味で断絶している。

部落差別（被差別部落）は、旧時代の賤民身分が自然に残ったのではなく、近代国家がそれを必要としたからこそ、近代社会の周縁の人びとを再編し、再構築されたんだ。いずれにせよ、「連綿と続く」という観念から自由になる必要があるね。

4　近代につくられた被差別部落――呉市の場合

――軍事都市建設のなかで被差別部落があらたにつくられたことを著者は指摘していますね。広島県呉市では、どんな変化があったのですか？

瀬戸内海に臨む近世の呉地方には、9つの村に600人余りの賤民身分（革田）の人びとが居住していた。

明治に入り、呉市では1886年に海軍鎮守府の建設がはじまった。建設用地に選ばれたのは、総人口1万5千人ほどのいくつかの村々だった。その地が軍港として、また海軍の軍艦造営に最適な湾の形態をもち、水深があったからだ。

わずか1万5千人の人口は、建設のはじまりからいっきに増加した。

1日あたり、8千〜1万3千人の労働者が動員され、関連する仕事に従事する人もふえた。1902年には6万6千人、1936年には20万人、さらに1944年には41万人、戦争末期の1945年には44万人以上と、爆発的に膨張する。労働者の出勤、退勤時の混雑で、元の住民は、外出もままならなくなったほどだ。

20世紀初めにつくられた被差別部落

西日本一の軍事都市へと変貌し、大量の人口移動があったなかで、呉市にはあたらしい被差別部落が形成されている。

もともと呉市には被差別部落があったが、あらたな被差別部落が形成されたのは1906年ごろ。その地には明治の初めには誰も住んでいなかったことがわかっている。近世の賤民も住んでいなかったことはいうまでもない。

——あたらしく被差別部落とされた土地の住民が部落民になる? 近世賤民が居住したり移転してきたのではなく、それらと無関係に被差別部落となったのですか?

そうなんだ。その地に包帯工場がつくられたのを皮切りに、海軍納入用の屠畜場、海軍刑務所などの施設が建てられる過程で、被差別部落が形成された。この地が選ばれたのは、工業用水、飲料水に利があったからだった。もともと呉市は飲料に適する井戸が極端に少なかった。そのうえ、軍に水を独占された呉市には、広島から飲料水を売りに来ていたほどだ。

あたらしい被差別部落に移住してきた人たちのほとんどは、もとは被差別部落民ではないことがわかっている。九州からきた人、広島県内からきた人などについてはわかっているが、その他の人についてはどこからきたかはわかっていない。しかし、労働者の増加に対応できる施設がなく、上排水以外のインフラも未整備で、混乱のなかで困窮した人たちが集まったものと推測する。

わたしが最近調査したところでは、呉市ではこれ以外にも、明治以降つまり近代になって形成された複数の被差別部落が確認できる。

また逆に、消滅したケースもある。ある被差別部落は、膨張する人口に押し出されるように、あるいは一般地区に取り込まれて、部落ごと消滅している。

さらにおおきなことは、1945年の空襲によって全滅したことなどがある。

――空爆で消滅……

第二次世界大戦のさなか、呉市は軍事都市ゆえに、連合軍から徹底的な空爆をうけた。数度にわたる爆撃で、市街地は壊滅。壊滅した町には、あらたに形成された被差別部落も含まれていた。

もうひとつ、ふしぎなんだが、鎮守府が建設されたころにあらたにできた被差別部落が、空爆をうけずに呉市内にあった。その地は部落改善事業の対象地域となり、事業も実施された。史料も残っていて、1911年の『明治之光』(明治45年に結成された大和同志会の機関誌)に被差別部落として登場している。

ところが現在、その地域は、被差別部落だとみなされていない。

――19世紀末から第二次大戦敗戦までの呉市内の被差別部落の人びとはどんな仕事に従事していたんですか?

複数ある呉市内の被差別部落の人びとの仕事は、ひじょうに多様で、地域的な偏《かたよ》りもある。海軍工廠に若年層のほとんどが勤務していた地域もある。また、その日暮らしを送る地域もあった。

たしかに、屠畜場の近隣の人はそこではたらいた。しかし、屠畜場ではたらいたのは一般の人もおなじだ。屠畜場経営者はというと一般の人ばかりだった。製靴業に就いた人のほとんども一般の人たち。しいていえば、被差別部落の人には漁業者が多かったことが特徴といえるかもしれない。

現在も調査中で、明確にいえるのはこれくらいだが、海軍基地建設、つまり軍国主義のもたらした市民生活の混乱のなかで部落がうまれ、移動し、消滅した事実はゆるぎないといえるね。軍港となった舞鶴市でも、おなじような状況で被差別部落が形成されている。

近代になってあたらしくつくられた被差別部落は、意外なほど多い。わたしは全国を調べているわけじゃないが、問題意識をそこにおいて調査すると、近世賤民の居住地とはなんの関係もない場所が、被差別部落になっているところは、相当数にのぼるだろう。

5　被差別部落の国民化　その1――地方改良運動と部落改善運動

道徳の登場

――そもそも近代国家がなぜ部落を必要としたのか？　時をすこし前に戻してかんがえてみたいのですが。日露戦争でばく大な戦費を費やし、財政危機に陥った明治政権は、地方改良運動に着手します。

地方改良運動とその背景についてふれておこう。

１９０４年から０５年の日露戦争で使われた戦費は、膨大な額にふくれあがっていた。当時の名目ＧＮＰは約30億円で、国の一般会計予算は約３億円。それにたいして戦費は18億円以上にのぼった。その多くを外国債で調達していたわけだから、借金返済に苦しむことになるのは当然のなりゆき。

戦争に勝利したものの、財政は破綻《はたん》寸前。あいつぐ増税で、地方農村は疲弊《ひへい》。体制をゆるがす危機に直面した明治政権は、１９０８年、戊申詔書《ぼしんちょうしょ》を発した。

そこでは、国民道徳を強化し、上下一致、勤倹力行《きんけんりっこう》して国富増強にあたることが強調された。財政と国家体制の危機を、勤勉と道徳の精神主義、預金の奨励で、きりぬける方策だ。

——勤勉が美徳とされたのはそれほど古い話じゃなさそうですね。

そのとおり。戊申詔書をテコにした地方改良運動は、内務省の主導ではじまった。「地方」は農山漁村、「改良」は再編のこと。立案した内務官僚は、二宮尊徳の報徳思想をそのエンジンに活用した。二宮尊徳は明治20年代から修身教科書に登場しはじめ、勤勉・倹約・忍耐のシンボルになった。薪《たきぎ》を背負って読書する二宮金次郎の銅像が全国の小学校に建てられた。みたことあるかな?

——年齢があきらかになるオソレがあるので回答をひかえさせていただきます(笑)

部落改善運動——地方改良運動の被差別部落版

地方改良運動は、一般農村を対象としたものだったが、それをうけた部落改善運動は、一般農村とは別枠で、1900年代から1920年代にかけて、被差別部落（農村部落・都市部落の双方）にたいしておこなわれた。

むつかしい言い方になるが、わたしは、この部落改善運動こそが「被差別部落の国民化」におおきな影響をもたらし、被差別部落に質的転換をもたらしたとみている。

それは、経済政策と精神面での教化政策の両輪ですすめられた。

経済政策としては、一般農村に組織化された産業組合を、被差別部落にも組織化させた。「お手本」となった組合には「栄誉」と奨励金をあたえる。さまざまな副業が奨励され、前章でのべた竹細工も、そのひとつだった。

教化政策として、通俗道徳がさかんに鼓吹《こすい》された。

通俗道徳とは、勤勉、倹約貯蓄、忍耐、謙虚、自助自立などの精神を涵養すること。「矯風《きょうふう》」（悪い習慣をあらためる）と称して、部落対策をすすめていった。警察官などがそれを指導している。貧困や困難に忍従し、国や他人に頼らない、というのが通俗道徳の正体ですよ。

――そういえば、2018年度から小学校で「道徳」が教科に取り入れられています。

融和運動と部落改善運動

——部落内部からの自主的生活改善をかかげて、各地で設立された部落改善運動は、水平社運動の出発点となった面もあるのではないでしょうか？

あなたがいうように、部落改善運動については、融和運動とは一線を画すもので水平社運動へつらなるモメントがあった、と指摘する研究者もいるよね。

たしかに、水平社がうまれるまでは部落改善運動しかなく、その中から多くの青年が育っていったことは事実。だがそれは、水平社の誕生まで待たなければならなかった。部落改善運動は、のちの「同対審答申」がしめしたような、差別の責任は国家にあるとは認識していない。勤倹と貯蓄を奨励し、部落民個人の経済的な自立をもとめるものだった。糾弾の概念も確立していない。

それにたいして水平社の思想では、差別がある責任を国家にもとめ、被差別部落大衆の現状への憤りや変革への願望を明確にしている。

水平社の思想については7章で話すが、ひとことでいうと、「差別をなくせ」というだけでなく「人間の解放」という概念をもつのが、水平社運動だった。

さて、部落改善運動のもう一つのポイントは、1922年の水平社の創立以降、改善運動は実質的には融和運動とかわらなくなっていくこと。水平社運動に対抗して設立された中央融和事業協会（186頁・註2参照）が、各地の部落大衆を組織化していく。

融和運動は、差別の責任の所在を被差別部落の側にもとめ、さらにその改革を当事者の自主的な立ち上がりにもとめず、恩恵的な施策によって部落をコントロールしようとする。融和運動は、ものいわぬ部落大衆から、富と精神の自立を奪うが、なにもあたえない。融和運動のねらいは、国家の目的にそって被差別部落民を動員することにあった。

——融和運動は、戦時体制が本格化する1930年代の少し前に、国家の掛け声でスタートしたんですよね。

そもそもなぜこの時期に、国家が、「国民融和」をかかげて運動しなければならなかったのか？　そこがおおきなポイントだね。それは、近代国家が部落差別をなぜ必要としたかということと、密接につながっている。

部落差別は、江戸時代の「穢多・非人」などの身分制度が自然に残ったんじゃない。封建的なもののようにみえているだけで、明治以降、被差別部落は構築されたと、わたしがいうのは、そういうわけなんだ。

ちょっと先を急ぎすぎたかな。部落改善運動の話にもどろう。

広島県内をみても、わかっているだけで、部落改善団体は50近くあった〔＊6〕。

1907年に広島市F町で結成された部落改善団体・一致《いっち》協会の創立者は、広島県警の署長。「F町の向上発展」を明記しているが、差別や「部落改善」についてはふれていない。当時の機関紙は、「二宮尊徳翁」の生き方を規範とするよう奨励している〔＊7〕。

これまで部落改善運動は、被差別部落の自主性をしめすものとして強調されてきたけれど、広島県内の部落改善団体をわたしが調べたかぎりにおいては、警察がそれぞれの団体の組織化と運営に深くかかわっていたことがわかっている〔＊8〕。

——広島で部落改善団体ができたころ、他府県でも、被差別部落にかかわる団体が生まれています。1902（明治35）年、三次伊平次を中心とする岡山の備作平民会、1912（明治45）年、奈良の松井庄五郎を中心とした大和同志会などが有名ですが、これらは部落改善運動とはどのようにちがうのですか？

備作平民会や大和同志会などの運動は、差別される原因を被差別部落側にあるとする点で部落改善運動とかわりなかったが、のちの水平社創立につながる青年たちが育っていった。

預貯金と道徳をセットで

部落改善運動のなかで奨励されたことはいくつもあるけれど、かならず通俗道徳と貯蓄をセットでもちだしている。

貯蓄の奨励は、じつはおおきなポイントで、貯蓄は部落の家計を立て直すことが目的じゃない。もたざる国民から、広く薄く、お金を集めて投資にまわす。

じっさいに、各町村の貯蓄が戦争資金に充当されたことは、当時のデータで検証できる。民間の貯蓄高は1908年から12年に4億1600万円だったのが、1918年から22年には19億1000万にのぼった〔＊9〕。半ば強制的な預貯金が、戦争で疲弊した日本経済を底辺からささえた。

部落改善運動には、被差別部落農家の所得を、貯蓄をとおして国家の投資にむかわせるねらいがあった。本願寺参拝貯金などもあったりして、実態としても気分としても、貯蓄は生活の豊かさと関係する。だからせっせと貯蓄する。

ひとたび金融機関に所得の一部がまわれば、それは投資にまわる。生産の奨励だけでなく、改善運動の目的は、ここにもあった。

つぎに、被差別部落民の国民化のプロセスにかかせない、戸籍をみることにしよう。

6　被差別部落民の国民化　その2——戸籍制度

「原資としての人口の把握」——戸籍制度の意味

戸籍制度は、日本近代の独特なものといわれるよね。しかし、うまれた人間の国家への登録は、出生証明やパスポートのように、欧米でも一般的な統治のシステムとしてある。

フーコーはつぎのように語っている。

「権力の技術にとって大きな新しい様相の一つは、経済的・政治的問題としての『人口』の問題であった。富としての人口であり、労働力あるいは労働能力としての人口であり、それ自体の増大と資源としてのその可能性との間の均衡関係においてとらえた人口である。政府は気が付いたのだ、相手は、たんに臣下でも『民衆』ですらもなく、『人口』という形でとらえられた住民」

(フーコー『性の歴史Ⅰ』渡辺守章訳、新潮社)

つまり、人口は労働力であり、富をうみだす資源。国家はそこに目をつけた。

そのために、もれなく人口を把握して、支配する分野を明確にする。税制の確立と税収予測、必要食料の確保、軍隊に徴兵できる人数、どのような職があり、どのような労働に国民をつかせるかなど。

もうひとつ、どのような階層が存在するのかを把握することも、国家にとっての関心事であったと思う。情報収集して、一定の秩序関係におかねばならないからね。

だから一般の市民とはべつに、旧被差別民を招集して、カウントした。たとえば広島県では、旧革田身分を忠海(現竹原市)へ、旧非人身分を本郷(現三原市)へ、別々に出頭させているんだ〔＊10〕。

旧賤民＝穢多・非人、新平民、特殊部落、貧民部落、細民部落

――近世の被差別民は「穢多・非人」だけじゃなかったわけですよね？

近世の被差別身分は、地域ごとに異なる呼称をもっていたし、たんに呼称がちがうのではなく、その社会的性格も多様だった。柳瀬勁介《やなせけいすけ》は明治初期に、実に42種類の呼称をあげている〔＊11〕。

ところが明治以後、それらはすべて「穢多」としてひとくくりにされた。その過程で、かれら（賤民）の多様性は喪失していった。

1876年から80年にかけて、司法省が各地でおこなった調査のなか、被差別身分にかんする問いにたいして、府県は、「穢多ハ皮師ト唱ヘ」「穢多ハ長吏ト唱ヘ」「穢多ハ小屋者ト唱ヘ」（傍点＝著者）などと回答している〔＊12〕。

つまりこの時点で、近代の被差別部落民はすべて近世の穢多である、という司法省の認識が公式見解となったといえるね。

封建制のもとに存在した被差別民の多様な呼称は、明治政権のもとで「穢多・非人」と統一され、あらたにかんがえだされた「新平民」という呼称と結びつけられ、新平民＝旧穢多・非人という定式が固定化された。

やがて「新平民」にかわる用語として、１９０２年から１９０３年にかけて、「貧民部落」「特殊(種)部落」が発明される。また、１９１２年の細民《さいみん》部落《ぶらく》改善協議会[註1]開催をきっかけに、「細民部落」も使われた。

＊註１　細民部落改善協議会　１９１２（大正１）年、部落改善を主題に内務省が開催。全国から行政・教育・宗教関係者ら約１５０名を集めた。教育・職業・衛生・納税など１２項目を協議したが、実際には、改善にたずさわる篤志家、行政当局者、警察官などの自慢話と、改善政策に非協力的な部落民への非難であった。唯一、京都府の明石《あかし》民蔵《たみぞう》は、被差別部落批判に反論し、融和への障壁がかれらの態度にあるとした。明石の発言は、小川幸三郎座長に制止され、発言そのものも速記録には載らなかった。

明治19年式戸籍——除籍制度で「血の交流」がトレース

——1872年の壬申戸籍には旧身分の賤称が記載される例もあり、約百年後に封印されましたが、明治19年戸籍、明治31年戸籍の方が、もっとたちが悪いと著者がいう理由は？

もちろん、壬申戸籍に旧身分名が記載され、だれもがそれを閲覧できるようになっていたことじたい、おおきな問題ですよ。抗議によって閲覧禁止にしたのは1968年。その壬申戸籍は、家族だけでなく使用人なども登録することになっていて管理しにくいなどの制度的不備のため、成立してまもなく廃止される。

その後、1886年の明治19年式戸籍では、本籍と現住所を分離登録にして、除籍簿が導入された。出生、死亡、失踪者復帰、廃戸主《はいこしゅ》、廃嫡《はいちゃく》、改名、復姓《ふくせい》、身分変換など、戸籍の変化をすべて確認可能とした。それは、血の交流全体をトレースすることができ、賤称語の直接的記載がされた壬申戸籍よりも、イデオロギー装置としての性格がつよくなった。

「家」と「血」の連続性はそれぞれ異なるものだが、家系が本質的な価値をもつ社会では、「血」は、権力のメカニズムのもと、時にナチズムをうみだすような象徴的な機能をもつことになる〔＊13〕。

——住所をかえ、本籍地をかえ、結婚・離婚してもさかのぼれるわけですね。それにしても、全国民をもれなくトレース可能にしようとする目的は、いったいなんです？

わたしは、「家」を個人財産の維持管理という面からみているんだ。相続のときに提出させられる除籍簿などは、まさにそうでしょう？　個人資産の正確な継承のために150年ぐらいさかのぼり、正当な継承権をあきらかにする。つまり、私有財産制を維持するためのツールの側面が大きいんじゃないかな。だれが資産の継承者なのかを、もれなくピックアップできるからね。

明治31年式戸籍——「家」をつくらせて登録

1898（明治31）年、民法によって「家」制度が規定される。それをうけた明治31年式戸籍では、「戸」から「家」の概念を明確にした制度に改変された。（「戸」を単位とした壬申戸籍では世帯主の戸主がかわるたびに戸籍を作り直さなければならなかった。）

その後の大正4年式戸籍では、明治31年式戸籍で設けた身分登記簿（被差別部落民を特定する記載は確認されていない）を廃止して、戸籍簿に一元化された。

こうして、すべての人民が、「家」を単位に、世代をこえて、国民として登録された。人民の管理・掌握が、より具体的に実施できるツールになったという意味で、たちが悪いね。

7 被差別部落の国民化 その3——復姓運動

戸籍にかんして、もうひとつ注目すべきことがある。それは、被差別部落単位および「家」単位で、「姓」の変更が戸籍上でなされたこと。これは「復姓」（元の姓に戻す）とよばれている〔＊14〕。

「復姓」は、部落改善運動が活発におこなわれていた地域に顕著だった。

そもそも、壬申戸籍以来、日本の戸籍制度は、姓をはじめ、あらゆる変更には非寛容が基本。「襲名」などで、登録された戸籍の改名が続出したとき、政府は、「改姓名禁止令」をだしたほどだ〔＊15〕。

戸籍が確立したあとには、行政処分として改名を緩和することもあったが、認められたのは改名で、「改姓」の障壁は高かった。

ところが、広島県の瀬戸内一帯の被差別部落には、かえてはならないはずの戸籍の姓を「復姓」として変更した人がたくさんいた。これは、その他の地域でもあったようだ（広島県だけでなく、その当時も現在も公にされていない地域が多い）。

復姓運動は、旧戸籍法の「復姓」概念を根拠にした集団改姓だった。［註1］

――復姓運動は、たとえば、あきらかに被差別部落をしめす（と思われる）姓を変更するということでしょうか？

部落差別と姓の関係は、デリケートかつシビアな現実問題なので、深くふれるわけにはいかないが、軍隊に徴兵されているとき、突然上官から「本日をもってお前の姓が変わった」と告げられたという証言もある。

姓の変更を認められた被差別部落民にとっては、「伝統の尊重」と「特別のはからい」という恩恵により、国民としての自覚と忠誠心を高揚させるものとなった。官僚は、人民を管理するに正確不変なはずの戸籍を、いともかんたんに変更したわけだ。

「復姓」運動は、国民国家のいわば「真正」な国民としての、集団的な再登録の運動だった。わたしは、この「復姓」運動が、社会の周縁にあった被差別部落民の日本社会への帰属意識を自己確認させたととらえている。

「真正」な国民としての自覚をつよめた被差別部落民は、「おなじ国民として許されない差別」をうけるごとに、「国民」である自己を再認識させる。

解放の概念であったはずの「国民化」が、抑圧の概念に転化するには時間を要さなかった。

＊註1　復姓の根拠　戸籍法の「復姓」概念を適用する根拠は「伝統・伝説」であった。その論理は（1）1872年の戸籍法施行と壬申戸籍の編成にさいして、役人から名乗るべき姓を指示された、（2）それを拒否したが一方的に姓が戸籍に記載された、（3）先祖伝来の姓を捨てるのは文明国家の観点から許されることではない、（4）天皇の親政のもとに安堵の生業に励んでいるので、（5）単一の姓にあることは差別を受けやすいので、（6）本来の姓に戻すことを求める、というもの。

8　近代は被差別部落民の生を奪うのでなく、差別の中で生きさせた——衛生思想

衛生思想という権力

人口は富を生む原資。それを掌握する意味で、日本の戸籍は、まさに近代国家が発明したソフト・ウェポン（ソフトな武器）だったといえるね。フーコーはこんなふうに表現した。

「君主の新しい権力は、生を人口の概念で掌握し、抑圧的であるよりも、むしろ生（生活、生命）を向上させる。権力は、人々の生を公衆衛生によって管理・統制し、形式的には福祉国家をめざす方向に進んだ。そして〈この装置の皮肉は、「我々の『解放』がかかっていると信じ込ませていること〉」（前掲、フーコー『性の歴史I』）

——部落改善運動では「不潔・不品行・無教養だから差別される。改善すれば差別の根拠がなくなる」といわれました。トラホームにかかるのも衛生状態が良くないからとされ、部落内から積極的に衛生思想が普及されました。

そもそもわたしはふしぎに思うけどね。部落が不衛生だとか、どうしてきめつけているの？　たしかに伝染病は、やっかいなものだった。だけど、被差別部落だけが悩まされたんじゃなくて、町全体が不衛生なんだよ。

たとえば、敗戦前の広島県呉市は、海軍鎮守府、海軍工廠があり、東洋一の軍事工業都市で、最先端の都市というイメージが強いが、現実は、コレラや赤痢がほぼ1年おきに流行している。当時のメディアがこの様子を伝えている。

伝染病の流行は、急激な軍事都市化で上下水道などのインフラ整備がまったく手つかずだったことが理由だ。用便はたれ流しで、雨がふればそれが泥田のようになった。だから伝染病も全市的に防げなかった。トラホームにしても、上流階級の人も罹患している（北海道大学・三井登の研究によれば、「部落にトラホームが多い」と断定できるほど単純でないとされる）。

にもかかわらず、スラムは伝染病の震源地とみなされ、衛生観念が広められていくなかで、被差別部落を恐怖と警戒の目でみる社会意識を醸成していく。

方面委員会と「カード階級者」

衛生思想の普及と並行して展開されたのは、方面《ほうめん》委員会活動というもの。

ひとことでいうと、貧困は犯罪であり、社会秩序を破壊するとみなして、それを未然に防止する目的でつくられた〔註1〕。

融和運動とともにおこなわれた方面委員会は、大阪から全道府県、朝鮮、台湾、満州、樺太などの植民地にも設立されている。貧困を犯罪の温床ととらえた方面委員会は、「融和問題」として、被差別部落対策を課題にしていた。

方面委員が「無らい県運動」（在宅のハンセン病患者をことごとく収容に追い込む政策）に加担したケースもある〔＊16〕。ハンセン病患者には徹底して排除・隔離《かくり》政策をとるいっぽうで、被差別部落民にたいしては、法保護予備群としての「カード階級（者）」とみなした。

――カード階級？

方面委員は、部落の中でも、より貧困層の世帯を訪問しては、職業、収入、生活状況、宗教、思想、飲酒、習癖、前科などを調査して、カードに記入していった。

カードに書かれた対象者は、「カード階級（カード者）」とよばれた。被差別部落の貧困者は、福祉の対象であり、救済すべき「階級」と認定されていた。

方面委員は、給付をあたえるか打ち切るかも判断するわけだから、委員には被差別部落住民の内情にくわしい〈事情通〉をえらぶ必要があった〔＊17〕。方面委員は、いわば部落民の生殺与奪権《せいさいよだつけん》を握っていたわけだ。

――方面委員の意にそまぬことがあると給付をきられるんでしょうね。「いやな感じ」です。

＊註1　方面委員会は、大阪府知事の林市蔵が1918年に創設した民間主体の組織。監獄学を専門とする法学者・小河滋次郎が、貧困と犯罪を同一視し、社会秩序を破壊する貧困の未然防止を唱えるドイツのエルバーフェルト・システムを模倣して組織化した。

10　「部落民の自覚」運動からファシズムへ

部落改善運動で重視されたのは、「部落民としての自覚」だった。

当時の「自覚」運動の旗手となった人に、広島県出身の山本政夫《やまもとまさお》〔註1〕がいる。

山本は部落改善運動から出発し、融和運動の統制団体・中央融和事業協会〔註2〕の事務方トップをつとめ、戦後は、同和対策審議会の審議委員となった。

「部落民としての自覚」は、両義的なものだ。「自覚」は、差別をより効果的にもする。あなたも「自覚をもちなさい！」といわれたことがあるだろう？　山本は「みずからが被差別部落出身者であるという自覚」によって自己規制し、陛下の臣民としての自覚を、一般の人びと以上にもたねばならない、とかんがえた。その山本の十八番《おはこ》が、内部自覚運動だった〔＊18〕。

被差別部落民を「国民としての自覚」の主体へとかえる自覚運動は、翼賛会に行きつき、侵略と戦争の道を突き進んでいった。

――中央融和事業協会がうちだした「内部自覚運動」は、戦時色がつよまる１９３０年代には「部落経済更生運動」に発展していきます。戦後の解放運動で強調されてきた「部落民としての社会的立場の自覚的認識」とは決定的にちがいますね。

それはそのとおり。ところで山本は、被差別部落民の規範的なモデルとして、官僚から重宝されている。だが、全体主義政策の一環である部落経済更生運動[註3]をも指導した山本は、青年時代、言動が過激だとして、融和運動の中心的なメンバーから批判されていた。また、山本は国民総動員体制が完成する直前には、リベラリストであるという理由で、中央融和事業協会を追われた。

山本は、水平運動を自覚運動として継承すべきと主張したため、穏健《おんけん》でリベラルな事務方官僚のように思われ、粗野《そや》なファシストとちがう位置にいた人のように受け止められている。

——山本政夫という人はじっさいリベラリストでしょう?

やれやれ、ファシズムの実体をまったくわかっちゃいないね。山本政夫を評価する人はいるけれど、かれこそが被差別部落大衆をファシズムへ導いた重要人物の一人だったと言いえる。わたしも会ったことがあるが、非常に穏《おだ》やかなジェントルマンだった。

部落の中から優秀な人を権力がヘッドハンティングして、訓育する。部落をファシズムに組織していくソフトなイメージのオルガナイザーとして、かれはピッタリの人だったと思う。
広島県の融和運動団体に、1921年に結成された広島県共鳴会《きょうめいかい》がある。「部落民の自覚」と「経済的自立」をかかげた共鳴会は、「国民」として国家への忠義をつくすよう、被差別部落のコミュニティにつよくはたらきかけて、戦争動員の役割を担った。融和運動は、まちがいなく戦争と直結している。中央融和事業協会は、ファシズム体制の中で部落民を「国民」にし、兵隊として戦地に送りだす装置だった。そのために山本の「自覚論」が重宝された。

*註1　山本政夫（1898―1993年）広島県出身。大正・昭和期の融和運動家。同和行政にも多大な影響を与えた。筆名・正男。広島県の嘱託として共鳴会にかかわる。1926年、有馬頼寧に招かれ上京。中央融和事業協会で、計画立案や部落経済更生運動を指導。同協会を去った後も、大和報国運動などのオルガナイザーとして、被差別部落大衆を大政翼賛会運動へ先導した。それは山本の思想の出発点にある「自覚論」から必然的にもたらされたものといえる。戦後は、同和対策審議会委員などを歴任。著書に『部落解放運動批判』『我が部落の歩み』など。

＊註2　中央融和事業協会　1925年、従来からあった部落改善運動や融和運動を統合して内務省が設立。会長は平沼騏一郎《ひらぬまきいちろう》。満州移民、戦争に被差別部落を動員した。広島県の融和運動は1921年共鳴会が設立され、その後、共鳴会は融和事業委員会へと名称変更された。

＊註3　部落経済更生運動　昭和恐慌で大打撃をこうむった農村に対し、政府は「農村漁村経済更生運動」を1932年から全国的に展開。それと並行して、一般農村とは別枠で、部落経済更生運動が行われた。これは全国融和事業協会の決定のもとに行われた。中央融和事業協会は、モデル地区を選定し、部落経済更生運動の指導者を「育成」している。そこでは、国内外への移民奨励、貯蓄の奨励、副業の奨励、農事組合の組織などが行われた。農村の疲弊を打開する策とされた部落経済更生運動は、広島県共鳴会をはじめ各地の融和団体を、国民総動員による危機突破のイデオロギー運動に突き進ませていった。くわしくは『被差別部落像の構築』参照のこと。

6章

〈商品〉化される部落差別

——身元調査がなくならないわけ

1 新自由主義と部落差別

――いよいよ本章で、新自由主義のもとでの部落差別に焦点をあてていくわけですが、そもそも新自由主義とはなんでしょう?

新自由主義とは、企業(資本)にたいする国家の規制を緩和・撤廃し、政府による社会保障の充実や再分配を極力排し、企業や個人の自由競争を推進することで、最大限の成長と効率のいい富の分配(格差拡大と自己責任)を達成するという経済政策。

とくに1991年のソ連邦崩壊で東西冷戦が終焉《しゅうえん》して以降、それをむき出しにしたイデオロギーと行動様式が、いま世界を席巻している。[註1]

――2006年、村上ファンドの村上世彰《むらかみよしあき》がインサイダー取引に問われたさい、「お金儲けのなにが悪いんですか!」といったのを思い出します。

「強欲」資本主義といわれるが、たんに労働者から奪いとるだけじゃない。株式保有などを通じて、労働者に資本家とおなじマインドをもたせ、事業家として実践させるところにポイントがあるんだ。

経済的には福祉国家のゆきづまりにより、新自由主義が主導権を握《にぎ》っていく1980年代に、イギリスのマーガレット・サッチャー、アメリカのロナルド・レーガン、日本の中曽根康弘など、新自由主義をとなえる政権が誕生した。

中曽根が実行した新自由主義政策の目玉は、国鉄の民営化と国鉄労働組合（国労）の解体。国労解体は、それを要《かなめ》としていた総評の解体につながった。それで社会党も消滅した。そのつぎに手をつけたのは日教組の弾圧。以降、中間団体の勢力を抑《おさ》えていく。

いまの日本では「はたらく人の多様なニーズにこたえる」といいつつ、労働規制を緩和して非正規雇用をふやし、浮いたコストをチョロまかす。けっきょく労働規制の緩和は、資本家の自由（利益）のための規制緩和にすぎない。裁量労働制や高度プロフェショナル制はその最たるもの。

――同対審答申がだされた1960年代から、新自由主義がむき出しになった1990年代、部落差別はどう変化したか。著者は、部落差別が解消にむかっているとかんがえていますか？

部落差別は解消しつつあるという楽観論者は多いだろうね。その人たちは「新自由主義は自由の拡大をめざしているんだから、差別からも自由になる」とかアホなことをいう。だけどわたしは、そう思っていない。部落差別は解消にむかっているという言説は誤りであること。それだけじゃなく、その言説は、陰湿かつ巧妙化している部落差別を隠蔽《いんぺい》する役割をはたしているととらえている。

新自由主義のキーワードは「自己責任」だよね。自己投資による教育によって自立し、競争せよという。その競争に負ける者は「自己責任」というわけだ。奨学金の返済ができず一家自己破産するケースが増えているが、それも自己責任ということになる。

もうひとつ、見逃せないポイントは、労働者1人ひとりが事業主（一人親方）とみなされる新自由主義においては、失業問題はないととらえられる。

部落問題にかんしては、同対審答申から30年後の1996年にだされた意見具申《いけんぐしん》（231

頁註1参照）は、新自由主義のイデオロギーを前面に押し出したものだった。それは、被差別部落民の雇用問題を扱わないという点に、典型的にあらわれている。

――被差別部落民にとって深刻な雇用や教育の問題を扱わない？　失業するのは、部落民自身の努力が足りないというわけですか？

そういうこと。社会構造の問題を個人の責任に帰するのが、新自由主義。つまり部落差別の〈個人化〉だ。部落民にたいして「国家の庇護《ひご》のもとでの怠惰《たいだ》」のレッテルがはられ、ネトウヨによるヘイトスピーチの中でも、攻撃的な敵意が出現している。

部落差別が解消にむかっているというのは誤りだといったが、差別は単純に厳しくなっているんじゃない。わたしは、新自由主義のもとで、部落差別が質的に変化しているととらえている。

つぎの項では、企業の採用選考にあたって、部落出身者が忌避される事実から検討してみよう。

＊註1　新自由主義は、現在、世界的に深化している資本主義の破滅的危機を、高速で移転する資本と企業のグローバル化と、国営企業の民営化、労働権と社会権の抑制、強烈なナショナリズムを鼓吹するイデオロギーによって乗り越えようとする資本主義の変種である。あくまでも生産関係は資本主義、さらにいうと、帝国主義のひとつの形態である。新自由主義は、自由の最大拡張を主張するが、それは資本（経済主体）の動きを阻害する規制を取っ払い、世界を好き放題蹂躙する自由にすぎない。日本のように、企業が仮にマイノリティを採用しても、それは彼らの戦略であって本心ではない。「自由」と「民主主義」が新自由主義的合意のテコになることもある〔＊1〕。

2　企業採用をめぐる経営者インタビューから

――「身元調査なんて昔の話で今はもうしないんじゃない?」という人が多いと思いますが。

ところがね……企業の身元調査は、結婚にさいしておこなわれる場合とは少しちがっている。わたしは、企業がおこなう身元調査は、企業のあくなき利益追求と関係があると見立てている。それは、わたし自身の経験からきている。

かつてわたしは、小さな会社を経営していた。つまり、だれが社員にふさわしいかを選別する側にあったわけだ。一人の募集に数人の応募があった。その場合、簡単な試験をしたり、面接したりする。その結果、一人をえらぶんだが、その基準はなんだったのだろうか。

——なんでしょう？

端的にいうと、経営側がもとめる能力にそったものを労働者がもっているかどうか。それが選考基準になる。

もちろん人柄も考慮したと思う。しかし、人柄よりはるかに優先するのは能力なんだよ。このばあいの能力とは、短時間により多くの、より高度な仕事をなしえるということ。さらにその上の仕事に着手できること。いってみれば、高い生産性ということになる。

そこでわたしは「企業の身元調査は高い生産性をもとめることと関係する」と見込んで調査することにした。

——採用にあたって、人柄は重視しないんですか?

わたしは、あまりしなかった。

忘れもしないが、あるデザイン学校の学生の作品を観にいったとき、ものすごく惹きつけられた作品があった。学校に聞くと、その作品を制作した学生は就職先がみつからずに困っているという。わたしはすぐ本人にアプローチして、採用をきめた。

採用してみて驚いたが、とんでもない無愛想、無礼者で、遅刻の常習者だった。「世間常識」もなかった。だけど結局、うまくやっていた。このとんでもない男に、わたしはずいぶん助けられた。よくかんがえると、彼の取り柄は高い生産性だった。

経営者は生産性に悩まされる

おそらく、経営者は皆、この生産性に悩まされているということじゃないかな。

調査にあたって、わたしは、伝手《つて》をたよって、現役の経営者に取材を申し込んだ。むつかしい要望だったけれど、つぎの条件で受けてくれる人が幾人かいた。

①録音は非公開　②個人名・社名はアルファベットで表記　③インタビューの編集原稿

を各人が通読して承認する　④研究論文以外には使用しない　⑤語った内容の社会的責任を問わない、というもの。

この条件を前提に、経営者たちから採用にかんする意見をいろいろ聞くなかで、意を決して、わたしはこんな質問をした。

小早川：あなたの会社で、採用予定者が1名として、2名の応募者が採用候補に残りました。2名ともまったく同じ能力であったと仮定します。ただちがうのは、家庭環境です。1人は不自由なく中流家庭で育った人。仮にAさんとします。もう1人は、貧困で、経済的にも困難を抱える家族を支えてきた人。こちらはBさんです。あなたは、どちらを採用しますか？　また、その理由についてお話し下さいますか？

――答えはどうでした？

回答はA・B両方に分かれた。

興味深いのは、双方とも「生産性」の観点から判断していること。

貧困家庭で育ったBさんを採用すると答えた人たちは、「苦労したので逆境にも強く、ガッツもある、そういう子にはいい子が多い。リーダシップをとるようになると職場が活性化して生産も上がる」との趣旨だった。そこから、自社の生産性向上に貢献するのはBさんで、Aさんの「生産性」をしのぐと想像した。

他方、中流家庭で育ったAさんを採用すると答えた人の論旨はこうだ。

裕福な家庭では、給料から自分の食費を家に入れることがあっても、それ以外は、読書・映画・音楽、健康維持などの自己投資にむかう可能性が高い。就職するまでに身につけた文化的な素養も高い。これは、高い人的資本を確立し、生産性に寄与する。貧困家庭出身のBさんのばあいは、家族のために収入が消費される可能性が高く、自己投資には回りにくい。文化的な素養は、就職後も身につけられるが、生まれたときからの蓄積の差はおおきいという。

——選考判断のポイントを「生産性の高さ」においているのはどちらもおなじですね。ところが、その生産性と関係するのは「人的資本」だと経営者はいう。裕福な家庭の出身者は人的資本が高いととらえて、Aさんを採用するというわけですね？

キーワードは人的資本と生産性。これを覚えておいてほしい。

「採用するなら中流家庭出身のAさん」と答えたある人は、つぎのように語っている。

「就職担当や担任の先生に手を引かれるように面接に連れてこられ、名前もいわない高校生を採用することもありました。どうにかこうにか1年たち2年たち、仕事を覚えたころ、家族の看病などを理由に欠勤がふえはじめ、有給休暇を使いはたすと無断欠勤がはじまり、やがて退職するというパターンでこれまできました。もちろん、長くはたらく人もいますが……。彼らのほとんどは、貧しい家庭で、家族に問題を抱えています」

中流家庭出身のAさんを支持した会社は、被差別部落出身者を雇用した経験がある。逆にBさんを支持したところには、その経験がない。

しかし、どちらのキーワードも「生産性」であることはおなじなんだ。

3　生産性と部落民の排除

――中流家庭出身のＡさんを選ぶと答えた経営者は、明言しないものの部落出身者の採用を避けたいと思っているんですね？

そういうことだが、わたしはさらに踏み込んで調査することにした。貧困家庭出身のBさんを選んだ人たちに、中流家庭出身のAさんを選んだ人の意見を説明し、あらためて、Aさん・Bさんのどちらを採用するかをたずねた。するとI人をのぞいて全員が、「そういうことなら中流家庭出身のAさんを選ぶ」と逆転した。（身内以外からは採用しないという1人は回答を留保した。）

――生産性の魔力？　人的資本の魔力ですか？

問題はそこなんだよ。「生産性が高い」とか「人的資本が高い」といっているが、その内容はなんだろうか？　それを知りたくて、わたしはつぎの質問をした。

「Aさんがもし被差別部落の人だったら、やはり採用しますか？」

すると、全員が口をつぐんでしまった。身元調査はこれと関係があるわけだ。つまり、貧困層の人をふくめて被差別部落出身者を「生産性の低い存在」とみているのではないか、ということだ。

企業経営者への取材は、55人の経営者に依頼し、19人から回答をえた。回答率は34・5％で、そのうち約68％が身元調査を容認または黙認していた。おなじ地域での市民意識調査では、身元調査容認が約58・7％だから、それより約10ポイント高い。

――驚きの結果です。以前、「部落地名総鑑を購入して部落出身者を排除するのはなぜか」について議論したところ、「本来、資本主義は、稼ぐ能力があればいいわけで、企業採用で、部落出身者を排除する理由などない」という意見が圧倒的でした。

でもここでは、「稼ぐ能力＝生産性」をバックグランドで判断するということがあきらかになっていますよね。バックグランドとは出身階層と社会的属性。それを知るために、調べる。つまり、身元調査を容認するというわけですか？

そういうこと。身元調査によって排除される人びとがうける打撃は深刻だ。ところが身元調査は、それを企業や市民が同意するから存在するわけでしょう？

身元調査を実行する側は、排除しようとする者のなにを問題としているのか？

わたしが知りたいのはそのことなんだ。ここまで紹介した調査から、どういう理由で人びとが身元調査を「合理的」とするのかが、だいぶ読めてきたと思う。

——失礼ですが、著者が得られたデータは限定的すぎませんか？　調査対象数も多いとはいえません。この調査だけで、企業は被差別部落民を雇用から排除するといえますか？

そう思うのは、当然かもしれないね。

ただし、この種のインタビューや面談は、ものすごく制約が多い。はっきりいって、応じてくれる経営者は、どこであっても非常に少ない。

そこで、ほかにこうした調査がなされていないか、いろいろ調べてみると、あったよ。

名前で面接前に排除されるアフリカ系

アメリカの調査では、マイノリティ、この場合、アフロ・アメリカンが就職から排除される理由に、「生産性の低さ」という本質主義的な先入観が作用していることがわかっている。

2004年、Bertrand、Mullainathan の2人が企業におこなった調査だ〔＊2〕。

この調査では、アフリカ系を想像させる名前と白人を連想させる名前でそれぞれ履歴書を作り、5000の企業に送付して、それへのコールバックを集計した。

白人を想像させる名前へのコールバックはアフリカ系の人たちを連想させる名前よりもあきらかに多かった。この調査では、もっとも不利益を被るのは、アフリカ系女性が管理職の仕事に就こうとした時だということも明確になっている。

これは面接や試験を受ける前に履歴書を送るエントリー段階での排除であることに着目したい。日本人にはわかりにくいが、アフリカ系を想像させる名前というものがあって、その名前の履歴書は不利に扱われ、白人を連想する名前の履歴書は有利に扱われるということだ。つまり、アメリカでは身元調査する必要がない。

4　人的資本とは

――部落出身者は名前ではわかりません。在日の人も通名を使うと基本的にわかりにくいです。だから日本では身元調査をするんでしょうか。それにしても「稼ぐ能力」とバックグランドが関係するという「人的資本論」が、なぜまかり通っているわけですか？

それについて答える前に、もう一つ押さえておこう。

労働者本人は自分の生産性にかんする情報を把握しているが、企業はその情報を正しく知ることができない、という現実があるよね。ま、中小企業は採用試験もしない場合が多いが。だから、企業は応募者の「情報」を知りたがる。「情報」とは、学業だけじゃなく「人的資本の情報」、すなわちバックグランドのこと。経営者たちは、文化資本の蓄積がより豊かな生活を決定するとかんがえる。これが新自由主義の「人的資本」のかんがえ方だ〔＊3〕。

新卒者の学業なら大学の成績証明があるけど、「人的資本」となるとさっぱり不明だ。

本来、企業は、入社してからじゃないと、人のもつ能力を完全には知り得ない。自己申告させるか、調査する以外にない。

もっといえば、家庭教育の役割がおおきいと思えば思うほど、つまりそれが「人的資本」と「生産性」に影響すると思うなら、キャンパス・リクルーティングからも、試験からも多くを期待できない。だから、採用時に調べたくなるんだよ。

誤解を恐れずにいうと、「身元調査をしたい」というのは企業の本音ではないだろうか。

統一応募用紙を使っている企業は1割

——ですが今は、統一応募用紙に記入するので身元調査は防げているのではないでしょうか。


みんなそう思うだろうね。就職にかんする差別撤廃のため、同和教育にとりくむ教師や運動団体は、本籍地をはじめ、当人の能力とは直接関係のない事項を記入しない全国統一応募用紙(履歴書)を使うよう、企業側にもとめてきた。

1973年より使用され、その後も企業のコンセンサスを得るために運動してきた。

それから45年。わたしも驚いたよ。連合（日本労働組合総連合会）の調査（＊4）には正直、ショックをうけた。

それによると、民間企業では、中学校卒業者の11・7％、高等学校卒業者の54・7％、大学卒業者の44・8％しか、また公営企業（国・自治体）で統一応募用紙を使わせているのは、それぞれ1・7％、8・9％、22・4％にすぎない。

そして、約1割の企業が本籍地記載を必須とし、1割の企業が求職者に戸籍謄本の提出をもとめている。連合の調査は組織内のみなので、連合に加盟していない企業を含めると、じっさいにはさらに高い率になる。

つまり、統一応募用紙の使用は厚労省の行政通達で、法的拘束力のない努力義務なんだ。

履歴書に本籍地を記入することをもとめられた場合、鳥取ループ（インターネットのブログネームで被差別部落の所在地などの情報をネット上に晒《さら》した）による被差別部落の地名、所在地などを一覧にした『全国部落調査』復刻版ウェブサイト版事件が起きているなか、応募者や採用予定者が被差別部落出身か否かを判断することが、容易になる。

――だけど身元調査じたいは禁止されていますよね？

だれが禁止したの？　禁止されていませんよ。

法律では「身元調査で得た個人情報を第三者に漏《も》らしてはならない」とされているだけだ。たしかに戸籍簿へのアクセスは制限されているものの、身元調査はし放題なんだ。[註1]

――探偵業法もあるじゃないですか？

たしかに。あなたがいう探偵業法（「探偵業の業務の適正化に課する法律」）は、新自由主義を推進した2006年小泉内閣の時にできたんだが、この法律をよく読んでごらん。届け出するだけで誰でも探偵になれるときめただけだよ。国は、法の網をかけるようにみせて、じつは身元調査を正当化したんだ。

＊註1　戸籍制度は、本籍住所、性別は変更可能だが、異動履歴を消去することはできない。本人のみの閲覧が原則だが、訴訟目的などは除かれている。たとえば「求職者が提示した履歴書内容が本当なのか確認したい」「これから訴訟を起こすが裁判準備のために相手の身元を調

べたい」「悪質なクレーマーに対処するため身元を調べたい」「暴力団の調査」など。この点が身元調査に悪用される。

5　膨張する調査業ビジネス市場

プライム事件の真相――法律で身元調査が正当化?

2006年の探偵業法では、「探偵」の業務について、こう書いている。

「『探偵業務』とは、他人の依頼を受けて、特定人の所在又は行動についての情報であって当該依頼に係るものを収集することを目的として面接による聞込み、尾行、張込みその他これらに類する方法により実地の調査を行い、その調査の結果を当該依頼者に報告する業務をいう」(第2条)

あきれるね。尾行そのものが人権侵害じゃないのかな。

――他人の戸籍を不正取得していたプライム事件では逮捕者がでましたが?

2012年にあきらかになったプライム事件は、プライム司法事務所をふくむ探偵社や司法事務所にはじまり、ハローワーク職員、貸金業、公務員、電話会社社員、電力会社社員などが、ネットワークを構成して、顧客らの調査依頼のニーズに応えていた。

戸籍謄本や住民票など、約4万件の個人情報が売買されたことが発覚している。

そのネットワーク全体の売り上げが22億円。これには当然、利益が上乗せされるから、依頼したクライアントが支払った金額は、もっと高額になる。

起訴された者のうち2名は実刑になったが、全体の罰金は1500万円にすぎない。

中間業者も依頼主も、おとがめなし。

――営業総利益数十億円を売り上げて罰金1500万円とは。ずいぶん割のいい商売ですね。

そういうこと。だから探偵業者はふえ続けてきた（グラフ1）。

ところで、このプライム事件で犯行に及んだ業者たちが語っていることがある。

なんと、「依頼の85％から90％が結婚相手の身元調査と浮気調査だった」というんだ〔＊5〕。

グラフ1　探偵業登録数

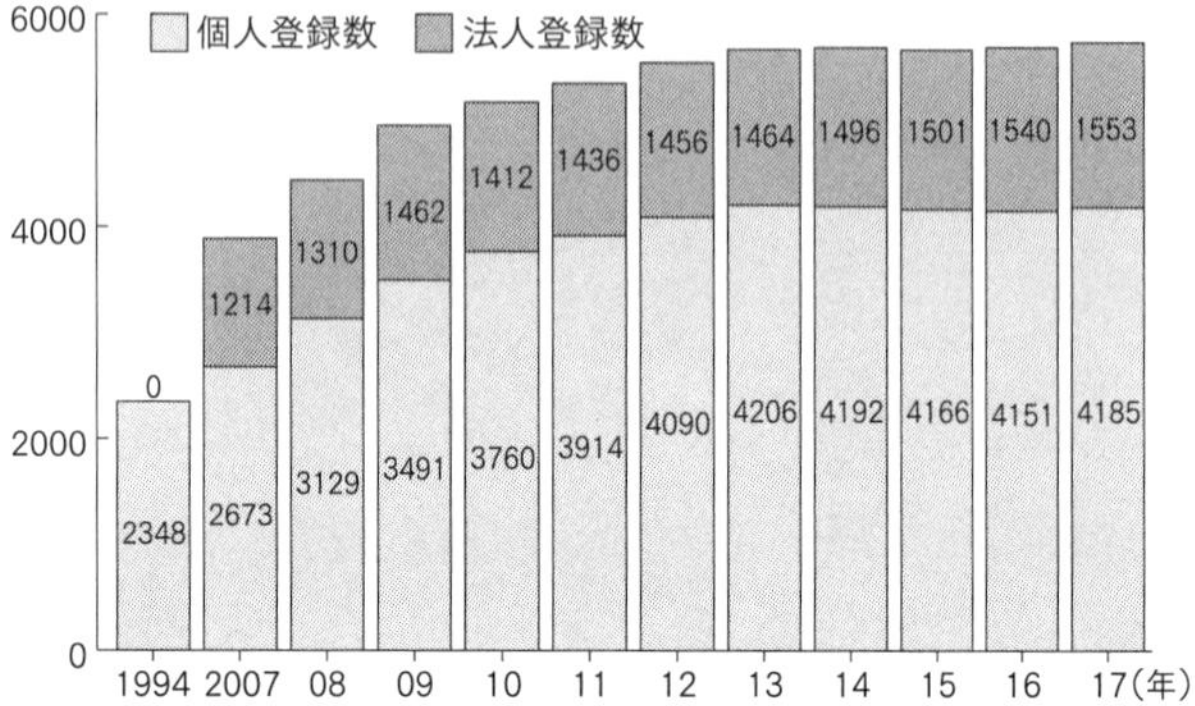

身元調査の市場は１２００億円から６０００億円説まであるが、経済産業省のデータをもとにわたしが試算したところでは、少なくとも３０００億円はある。[註1]

――３０００億？　にわかに信じられません。身元調査の依頼は1件いくらくらいですか？

依頼主はいくら支払っているのか。探偵業者を直接調査すると、採用予定者の調査費用の相場は、一般的には3万円から7万円が基本。調査のレベルによって価格は変わるという業者もあれば、1件あたり基本料4万円に加えて、8万円×所要日数で表示する業者もある。

1件20万円から30万円が通常との説もある。松本康二によると1件あたり200万円を超える調査費もある〔＊6〕。

――それにしても、だれもかれもが身元調査を認めているわけじゃないでしょう？

結論からいうと、身元調査をされるのは嫌というだけで、じっさいは認めている。町によっては「身元調査お断り」というステッカーを貼ってあるお宅があるけれど、それはみんなして身元調査に合意している証拠ですよ。

広島県福山市の市民意識調査（2012年）では、結婚と就職のさいの身元調査について、市民はつぎのように答えている〔＊7〕。

「当然のことと思う」　10・2％
「よくないことだと思うが、ある程度は仕方がない」　48・5％

ほぼ60％の市民が身元調査に肯定的だ。『結婚差別の社会学』で齋藤直子は、滋賀県野洲市の調査から、およそ4～5人に1人が身元調査に肯定的だとのべている〔＊8〕。

それは年代に関係なく、若い世代が身元調査に反対するわけでもない。つぎの、結婚前と思われる若い男女の会話（２０１６年６月）では、みずからが調べられることには恐怖しつつ、結局は受容する。他者のことは調べる必要があると思い込んでいるからだ。

青年１「あの子、縁談が壊れたのよ」
青年２「え、どうして？」
青年１「先方が身元調査したらしくてね。どうやらあの子の身内に問題があったらしいのよ」
青年３「問題って？」
青年１「なんか、（身内の）前科じゃないのかってね」
青年３「それは気の毒だってね」
青年１「たいてい調べているらしいよ」
青年２「でも調査しなきゃ、相手の家がわからないし。やっぱり身元調査がいるよね」
青年１「おお怖」

わたしが取材した人のなかには、身元調査を認めるだけではなく、する可能性を認める人、じっさいに身元調査をした人もいた。調査した人は、それなりに理由づけをしている。たとえば、暴力団員であることが疑われたので調査したという人。これは暴対法の誤解によるものだが。また、被差別部落にたいする警戒心があり、身元調査が必要な場合は自分でする、という人もいた。

「身元調査やめます」はどうなった?

——「身元調査やめます」と大手興信所がいったのは1980年代ですよね。

1981年、大手興信所は人事調査から撤退、「身元調査やめます」といった〔*9〕。理由ははっきりしている。身元調査が困難になったからだ。大手興信所は、信用調査業務にシフトした。

大手興信所が身元調査をやめたことで、個人の身元調査を業務とする企業・個人が、探偵業社(者)となった。その探偵業が増加している。グラフ1の「探偵業の届け出数」

（警察庁統計　探偵業の届出状況の推移）をみると、１９９４年には２３４８社だったのが、２００８年には４４３９社、２０１７年では５７３８事業所となっている。

＊註１　総務省の「『サービス産業動向調査』平成２５年拡大調査結果（速報）」によると、「興信所・探偵業」は、母集団を６９１として年売上高約９１９億円である。総務省データを、警視庁データの登録事業者実数に単純換算すると約６千億円の市場規模になる。これには、信用調査会社の年商も含まれている。帝国データバンクの年商が５百億円を超え、主要信用調査会社だけで年商１千億円を超えている。したがって探偵業のみの市場規模は、少なくとも年３千～４千億円規模にはなるとみられる。

６　なにをどこまで調査するのか――闇ビジネスが増えている

身元調査は、秘密裏に個人のバックグランドに立ち入る調査だ。なにを調査するかといえば、それはつぎのような内容になる。

(1)本籍地調査　(2)家族構成（近親者の前科、同精神障害、同経済状態）　(3)キャリア（学歴、職歴＝前職への問い合わせ）　(4)結婚離婚歴　(5)資産と収入　(6)借金　(7)普段の素行　(8)風評　(9)交友関係（暴力団への関与、刑事事件関与歴の有無）　(10)趣味嗜好など

これらの情報を得る目的はなにかといえば、(1)結婚相手の選別　(2)求職者の合否判定　(3)民事訴訟などの係争にそなえる。(4)商取引の関係構築の是非を問う、などになる。

業者に身元調査を依頼するわけは、自分で調べてあからさまになるのは恥だし、リスクがあるから。知人に頼むのも「聞き合わせ」とおなじくリスクがある。

したがって、秘密厳守の調査会社への依頼が合理的ということになる。人事調査は、「聞き合わせ」から専門業者の調査へと、シフトしている。

——探偵業者の側は、依頼されれば被差別部落などマイノリティ出身かどうかを調べると、露骨にいうんですか？

いや、たいていは「しない」といっているね。表面的に、だとは思うけど。

だけどこんな言い方もする。

「そのような（被差別部落にかんする＝小早川註）身元調査はかんたんですよ」

「普通に調査していると、いろいろな情報にふれることができます。そのなかにおっしゃるような情報があれば、そのまま依頼主に提供します。ありのままですね」

なかには「同和地区調査は不可能です」と答える業者もあった。

だが、この不可能こそが、被差別部落調査のキーワードでもある。「調査不能」の報告に依頼主企業があまりクレームをいわないのは、その語そのものが「被差別部落」を意味していることが暗黙の了解となっている場合がある。それ以外にも、ありのままの報告が表沙汰になることを恐れ、独特の「符丁」や記号でしめすこともある（「地域下位地域」など）。

わたしのインタビューでは、「お金さえ出せば引き受けてくれる業者もあるようですよ」という人もいた。その情報を得て、その種の業者に接触を試みたが、ちょっと危険だともいわれた。プライム事件の背景を知れば、それはよくわかるはずだ。

——まさに闇のビジネスです。

そのとおりだね。人知れず調査はおこなわれ、その結果、調査された人がさまざまな自己実現の機会を失っている。その現実を知ると、絶望する若者もでてくる。

わたしは被差別部落出身で自殺した人のことを、個人で知り得た限りメモしている。忘れず、いつか無念を晴らすために。すべてが部落差別の結果だとはいわない。しかし、24人もいる。結婚差別は多い。仕事がきまらないで悲観した人もいる。

結婚のさいも、就職のさいも、たかがしれた理由で、人をかんたんに排除する。しかも、その理由があきらかに部落差別による忌避なのかどうかがわかりづらく、責任追及もできない。初婚と再婚のときの両方で身元調査をされた部落出身者もいる。

――たかが知れた理由……ですか。

そう、結婚のときに口にだされる「世間体」もくだらない。さらに「人的資本」や「生産性」なんて、人間の価値となんの関係もない。たかが知れているよ。

7　実際におきていること（部落民排除）は「生産性」にすり替えられる

政府の働き方改革実現会議（２０１６年安倍内閣が設置）は、「日本の労働制度と働き方には、労働参加、子育てや介護等との両立、転職・再就職、副業・兼業など様々な課題があることに加え、労働生産性の向上を阻《はば》む諸問題」があり、「人的資本の質を高め、潜在成長力を引き上げていく必要」があるという（『働き方改革実行計画』２０１７）。

つまりこういうことだ。長時間労働の是正がいわれるなか、労働時間の短縮を実現するには、生産性を上げるほかない。その生産性の向上は人的資本の質を高めることであるという。

要は、人的資本の蓄積が労働時間を短縮するといっているわけですよ。

ここであなたに聞くが、8時間で8個の製品を作っていた労働者が、能力を高めて8時間で16個の製品を作るようになったとしよう。はたらいた時間は今までとおなじ。そうすれば、倍の生産性に見合った賃金を払ってもらえるだろうか？

——評価は上がるでしょうが、賃金は上がらないでしょう。

こんな場合はどうかな？　8時間で8個の製品を作っていた労働者が、能力を高めて4時間で8個の製品を作るようになった。じゃあ、4時間の労働時間で、8時間分の労働に相当する賃金を得られるだろうか？

——経営側の発想からはでてこないでしょうね。

もう少し現実的な話にしよう。8時間で製品を8個生産していたのだが、それを7時間に短縮したとしよう。剰余《じょうよ》の1時間つまり1個分は、どうなるのかな？　けっきょく、7時間で製品を8個つくって、7時間分の労働価値しか手にしない。1時間は、資本の利益になる。これが相対的剰余価値搾取（労働者に支払う賃金は変わらないまま利益を増やす）のカラクリだ。

——「生産性の向上」は、けっきょくのところ賃金を下げろという話なんですね。

「労働生産性の向上」とか「人的資本の質を高める」というのは、あくまで資本の側の立場からいわれている。要は、いかに搾取率を高めるかという問題意識（資本の欲望）にすぎないんだよ。

そして、このために「人的資本」の低い人をあらかじめ排除しておこうとしているのが、身元調査の本質だ。わたしがインタビューした経営者たちは、生産性が「人的資本」と密接だとかんがえ、「人的資本」は、被差別部落出身も含めた、その人のバックグランドとも関係するとかんがえている。ひとりの経営者は、インタビューでつぎのように明言する。

小早川：たとえば？

経営者：卑しい、とか、穢れている、とか、いろいろありますね。勉強ができないというのもそうです。根拠がないこともありますが、そうではないこともあります。

小早川：根拠があることとはなんでしょうか。

経営者：私があげたなかでは「勉強ができない」ということです。これは同和問題の説明でよく使われるフレーズでしょう。差別の結果、学力が低いとか、リテラシーがないとか……。（中略）世間には、ネガティブなイメージのみが定着しています。

ネガティブなイメージは定着しやすいのです。そうなるとね、その人が同和地区出身とわかれば採用はしませんよ。

わたしの質問に答えた経営者は、部落出身者をさして、卑しいとか穢れているとか、それらはすべて想像上のことだとわかっている。その意味で、かれは優れている。しかし、「部落出身者は勉強ができない」ということも想像上の事柄にすぎないわけですよ。

――キーワードの「生産性」の追求という経済合理性にもとづいて判断するようにみえても、よく聞いていくと、部落出身者への予断にもとづいて、判断している?

そうだね。いみじくもこの経営者が語ったように、被差別部落民は、最初から「差異あるもの」として、みなされている。「日本の裏社会」として被差別部落が扱われたり、犯罪と結びつけられたりしてきた。被差別部落をさして、「危ないところ」だとか「治安の悪い地域」のようにいうのもそうだ。

その言説が、その権力作用と結びついて、被差別部落が排除され続けている。

ここで、被差別部落の環境が非常に過酷だった1920年のデータを見せよう〔＊10〕。広島県統計では、広島市内の被差別部落の人口は、4788名だった。この統計にあらわれた被差別部落の犯罪逮捕者は、46名で、その比率は、0・96％となる。同年の広島県の人口は、164万8844名で、同年の犯罪検挙者は、2万7069名だった。県全体にたいする犯罪検挙者の比率は1・64％。あきらかに被差別部落の犯罪検挙率は低い。

貧しい人が多く住んでいた被差別部落では、その圧倒的多数がリーガルな生き方をしていた。にもかかわらず警察は、「犯罪の巣窟《そうくつ》」として部落への監視を強調している。

4章でみたように、警察が被差別部落に介入して、部落改善運動をけん引したのもそこに意図があった。当時の被差別部落の富裕層も、おなじコミュニティにいながら、「犯罪の巣窟」という観念にのみこまれてしまった。

——動機不可解な猟奇的事件がおきるたびに、警察もメディアもまず部落に疑いの目をむける。その構造は今もかわりません。そういえば、警備保障会社の社員が被差別部落を治安の対象にみなしていたということもありました。

8　セキュリティ対象に格付けされる被差別部落

そうだね。近代産業としての警備保障の歴史、つまり社会的不安と安全を〈商品化〉する歴史は、１９６２年にはじまる。当初は受注巡回が業務だったが、１９６４年、東京オリンピックの警備で脚光を浴びる。さらにテレビドラマ「ザ・ガードマン」がヒットして、この産業が衆目を集めた。

ここで、警備保障会社の営業社員へのインタビュー（２００６年10月）を紹介しよう。

小早川：ところで、あなたたち警備保障会社としては、会社から契約上問題になる、あるいは注意すべき対象や事柄ってあるの？

社　員：とくに、会社から言われてはいません。業種ではないですね。

小早川：でも、トラブルがあったりするでしょう？

社　員：そういうのはあります。
小早川：それは何？
社　員：部落です。
小早川：部落って!?
社　員：部落です。
小早川：差別を受けているところのこと？
社　員：そうです。
小早川：で、部落がどうだと言われたの？
（中略）
社　員：とくに警備上注意がいるんです。
小早川：それは、どういうこと？
社　員：難しい人が多くて。
小早川：それは、クレームをつける人が多いということ？
社　員：そういうこともあります。
（中略）

小早川：「警備上」と言ったけれど他にもクレーム以外に問題があるの？
社　員：その地区全体が治安が悪くあぶないんです。

――この従業員は被差別部落を、治安の監視対象とみているわけですね？

いま紹介したのは、セキュリティ会社が、人間の不安心理と安全の〈商品化〉のために、被差別部落（民）を監視対象としているケースだ。あまり話していないが、じっさいに、わたし自身もそのようにみられた経験が3度もある。

――著者も会社経営をしていたんですね。被害を被ったのですか？

そう。ひとつだけいうと、ある共同プロジェクトをすすめる契約交渉のなかで、突如、提携先からプロジェクトの解消をいわれた。理由はわたしの出自だという。出自は身元調査で判明した。わたしの出自によってデメリットが発生するという。デメリットとはなにか？と聞くと、「クライアントの内部情報に触れる機会が多く情報に対するセキュリティが担保できない」ということだった。

わたしとおなじような経験をした人はほかにもいる。その人のケースについては、かつて論文に記したが、わたしの場合は、もっと露骨だった。その差別のうけ方は、被差別部落出身ビジネスパーソンのひとつの類型だと思う。

だが、身元調査による被害は、ビジネスの場で表面化することは少ないんだ。

——表面化することが少ない理由は？

1つめに、調査は闇の世界でおこなわれていること。情報屋といわれる業者のネットワークで、携帯電話、戸籍謄本、住民票、各種名簿などを収集する。違法な収集が多いため、闇のビジネスといわれる。2つめに、排除の結果は競争に負けたと説明されること。そして3つめの理由は、将来の契約のために、被差別部落の経営者が被害について沈黙を守ることだ。

9　同対審路線から意見具申へ——被差別部落統治の転換

——近代化がすすめば差別はなくなっていく、部落差別は封建的身分観念の残りかす、なんていうのは、まったくちがうじゃないですか！

そうだね。部落差別を〈商品〉としてあつかう身元調査ビジネス市場の膨張がそのことをしめしている。資本家にとって重要なのはカネになるか、ならないかだけ。「これがカネになる」と思えば、なんだって商品化していく。

資本の欲望にこたえて新自由主義を加速する国家は、身元調査を規制するようにみせて、2006年の探偵業法で、探偵業を正当化した。つまり、身元調査を正当化したわけだ。この章の最後に、新自由主義のもと、被差別部落の統治がどう変化したかについて、ざっとみておこう。

——「被差別部落の統治」って、いったいなんのことですか？

意味は植民地統治とおなじだよ。宗主国は植民地統治下においた人民を支配するんだが、そのマインドまで支配するところにポイントがある。

植民地に暮らす人びとが、宗主国とおなじ意識をもつようになる。部落問題でいうと、被差別部落大衆は、自分たちの境遇の切なさや不満の矛先《ほこさき》を、真っ先に「きょうだい」へむける。国家にとっては、被差別部落大衆を、そのマインドを含めてどう支配するかということも統治なんだ。

日本が福祉国家から新自由主義に転換して、被差別部落統治も変化したわけだ。

——ええー？　そもそも部落にたいする統治戦略みたいなことが、練られているわけですか！

統治する側からすれば当然そうでしょう？　よく知られているように、敗戦後の復興から経済成長期の1950年代中期から70年代前期にかけて、解放運動は高揚した。1960年には運動団体推薦の国会議員が4名当選し、同和対策審議会から65年に答申がしめされ、69年に同和対策特別措置法が制定された。

――イケイケドンドンの時代でしたね。その同対審答申から約30年後の1996年、地域改善対策協議会から「意見具申[註1]」がだされました。これは同和対策事業を縮小しつつも延長するためじゃないんですか？

わかっちゃおらんよのう。日本が福祉国家から新自由主義国家へ移行する過程で、被差別部落の統治戦略も転換したことを、見逃しちゃいけない。
1965年の同対審答申から1996年の意見具申への転換が、まさにそれだよ。
1996年、地《ち》域《いき》改《かい》善《ぜん》対《たい》策《さく》協《きょう》議《ぎ》会《かい》（1982年「同和対策協議会」から名称変更）がだした意見具申がいいたいことは、つぎの3行に集約されている。

　これまでの当協議会意見具申等の中で、行政の主体性の確立、同和関係者の自立向上、えせ同和行為の排除、同和問題についての自由な意見交換のできる環境づくりの必要性が指摘されている[*11]

さきに「自立」ということばは新自由主義のキーワードだから要注意といったよね。

ここで注目すべきは、「同和関係者の自立向上」という文言。それはつまり、被差別部落がかかえる慢性的な失業問題をあつかわないということを意味している。

――同対審答申では、被差別部落の住環境や就労における厳しい差別的実態の改善をもとめていましたが？

あなたがいうように、「答申」が同和対策の指針だった時代は、被差別部落の失業問題は国家にとっても重要な課題だった。ところが「意見具申」では、失業ということばを「不安定就労」におきかえた。

けっきょくのところ、「意見具申」への転換によって、同和対策は、国家責任論を回避し、福祉政策と行政施策立案から当事者を排除したうえ、諸矛盾にたいする沈黙をもとめることになった。これは新自由主義の特徴をよくしめしている。

〈語らないこと〉と〈語ること〉

もうひとつ、意見具申では、「同和問題について自由な意見交換ができる環境づくり」

が必要だという。「自由な意見交換」を名目に〈語ること〉への規制もとり払ったわけだよ。

――〈語ること〉への規制？　それはどういうことですか？

同対審答申路線がおこなわれた時期は〈語ること〉が抑制されていたといえる。マスメディアは、いわゆる『禁句・言い換え集』を作成して、〈語ること〉と〈語らないこと〉の規範を創造した。とくに1970年代中期以降、研究者も参加して「差別語の無自覚的な使用は、被差別者の心を傷つけ人権を侵害する」〔＊12〕と、差別語とその使用が批判された。それを「言葉狩り」とする反発がおきたね。

――「言葉狩り」批判は、けっきょくのところは運動体（解放同盟）への批判でしょう？「被差別運動体が表現規制をしている」という……。だけど、抗議をおそれて「禁止用語集」などをつくり、自主規制をしていたのはメディア自身でしょう。

その内実をみごとに分析してみせたのは森達也の『放送禁止歌』〔＊13〕だったね。「放送禁止」というが、だれも禁止していない。放送局みずからが抗議をおそれて自主規制していたという話。つまるところ、マスコミの自主規制（言葉狩り）は、差別語に凝縮《ぎょうしゅく》して表現された差別の実態を、ことばを葬《ほうむ》ることによって隠蔽したにすぎない。

——ことばを消せば差別はないことになるんですか？「部落問題がタブーにされている」ことをめぐって、さかんに議論されましたが。

部落問題はタブーだといわれてきた。タブーにはふたつの意味がある。ひとつは「被差別部落にふれない」、もうひとつは「部落問題にふれない」ということ。「被差別部落にふれない」ことは、部落民との交際・結婚を忌避することにかかわる。そして「部落問題にふれない」とは、部落の存在を無視し、部落差別を隠蔽すること。

——部落問題について沈黙をもって対処するというのは、権力的な発想ですね。

〈語らないこと〉は被差別部落が〈存在しないこと〉と結びつく。

たとえば東京都は、「東京に部落はない」、だから部落問題について語る必要はないとする論理に立っている。戦前に東京都が被差別部落を移転させたこと、関東大震災により被差別部落が消滅したことをもって、部落は存在しない、ゆえに議論する必要はないとして、権力が部落差別を隠蔽する口実にしたと、大串夏身さんは指摘している〔＊14〕。

東京都は、同和対策審議会にたいしても「同和地区はゼロ」と報告し、同和地区実態調査をおこなっていない。

全体的にとらえると、1950年代から70年代初頭にかけての被差別部落統治は、答申路線によっておこなわれていた。答申路線とはつまり、戦後型民主主義幻想の上で、部落解放を福祉政策へと矮小化するものだった。

それに合意するかたちのもとで、人びとが部落問題を口にしなくなった（しづらくなった）ということでもある。

被差別部落統治は、答申路線から、意見具申の路線にかわった。

＊註1　意見具申　地域改善対策協議会が「同和問題の早期解決に向けた今後の方策の基本的な

在り方」を答申。「一般対策への円滑な移行」をうちだして、差別撤廃施策を打ち切り、国や行政の責任を放棄した。

10　攻撃的敵意の出現――新自由主義のもとでの差別の深化

その結果、部落問題をタブーとすることや〈語らないこと〉をこえて、明確な敵意が表出した。敵意は、解放運動の退潮と同和対策事業や同和教育の廃止過程で再生産されたともいえるが、被差別部落民は「国家の庇護なくしてはやっていけない怠惰な人びと」といった、あらたなスティグマ（烙印）をあたえられ、攻撃的敵意に直面することになった。

１９８０年代にはじまった新自由主義のもと、経済のみならず社会のあらゆる空間で規制を緩和しはじめた。１９９０年代には、部落問題を〈語ること〉にもこの傾向があらわれた。

人びとが、自由に、さまざまな空間で、積極的に、被差別部落について口にしはじめた。この変化は、社会的つながりで人が集まる空間でもみられるようになった。

市民意識調査をみても、ほぼすべての人が被差別部落の存在を知っている。自分の近隣に被差別部落があることも知っている。〈伝統的〉職業も知っている。しかし、人が集まり〈語ること〉がおこなわれる空間に、被差別部落民が同席しているかもしれないことが想像されることは少ない。

それは本来、部落差別が村落共同体のなかで機能するシステムだからだ。だれが被差別部落民かは、村落共同体内部で理解されれば十分なように設計されている。

――「設計されている」とは、だれかシステムを考案している人がいるんですか?

「だれ?」といわれても困るけどね。被差別部落は、基本的に小さなコミュニティのなかに慣習的におかれている。だれがいわなくても、どこが部落なのかがわかるようにね。とくに関西以西では、多くても2000人くらいの範囲の地域内におかれている。

事実、少数点在型部落のある町村では、ほとんどの場合、だれが被差別部落民であるかは、周知されている。

資本主義がどんどん展開していくにつれて、多くの人が地元の共同体をでていく。地元を離れた人間にとっては、顔見知りの被差別部落民の姿がみられないので、被差別部落民はその場にいないと想像する。そのために〈語ること〉にはきわめて積極的で、ときに脈絡を無視してでも語りはじめるんだ。

「黙って我慢」する被差別部落民

もうひとつ、被差別部落民がその場にいると想像しない理由がある。

それは、沈黙だ。

多くの被差別部落民は、差別をうけても「黙って我慢」する傾向にある。

2005年の福山市市民意識調査〔*15〕では、人権侵害にたいして民間の運動団体に相談したという被差別部落民は9・6%、市役所に相談した人は2・1%にすぎない。41・4%が「黙って我慢し」、27・2%が「自分で解決した」。

このデータは運動団体を介した調査から得られているので、一般的な調査なら「黙って我慢」する者はふえるだろうね。他のどのような調査でも、被差別部落民が差別をうけた場合、50%近くが誰にもいわずに黙って我慢し、運動団体に相談する者は5%に満たない。

いっぽう、一般市民が人権侵害に「黙って我慢した」割合は、12%にすぎない〔*16〕。

ゆえに「部落はうるさい」「同和は怖い」といった部落イメージは、たんなる想像に発するものであり、根拠のない言説がくり返し刷り込まれ、拡大再生産されてきたものといえるね。

——そういえば、2010年代になって、差別を助長させたとしても部落について書かれることが大事などと主張する、自称・部落出身作家があらわれました。

とくにネット上では、2000年代に入って、在日韓国・朝鮮人への攻撃、被差別部落を誹謗中傷する言説（ヘイトスピーチ）が、激烈なかたちであらわれている。タガがはずれた背景には新自由主義があるわけだ。

7章 アイデンティティの罠?——「自覚」の呪縛をとく

1　被差別部落民のアイデンティティ

――「アイデイティティをもつ」のはいけないことですか？　5章で「部落民の自覚」から「国民」そして「皇民」へと束ねられ、戦争に加担していくプロセスをみましたが、部落差別に自律的に対抗するパワーとして、やはり「アイデンティティ」が必要じゃないでしょうか？

つまりあなたは、「被差別部落民としてのアイデンティティ」のことをいいたいわけね？このことばが流行りだしたのは１９８０年代。被差別部落の児童生徒が問題行動を起こすのは、部落民としてのアイデンティティや誇りがたりないからだといわれたりもした。だけどそれは、被差別部落出身の児童生徒を良い子と悪い子に振り分けたにすぎなかった。どこで振り分けようとも、特筆すべき「被差別部落民のアイデンティティ」を発見することなどできなかった。

おおかたの人たちが受け入れた同対審答申で、被差別部落民は日本国民だと明記された。とすれば、部落民のアイデンティティは、日本人のそれではなかったのか？
被差別部落民を他の日本人から区別する点とは、部落民がなにかにつけて差別を被っているという点である。だが、それをいつも意識している被差別部落民は、そう多くはない。

――著者はどう思っていますか？

わたし？　わたしはジャズマンじゃし、夫でもあるし、父親でもあるし、フライフィッシングの名人。以前は企業経営者だったし、部落問題を社会学的に考察する研究者、いや詐欺師かもしれない（笑）。
そもそも人間は、アイデンティティの束（社会的諸関係の総体＝マルクス）なんだよ。
本書で問うてきたのは、「部落は多様だ」といいながらも、固有の文化や仕事、アイデンティティによって部落を一つの物語にくくりあげてきたこと。はっきりいうと、それが部落差別なんだよ。差別はステレオタイプとかスティグマのかたちであらわれる。

――そのことについては自戒をこめて反省したいと思います。ですが、「出身を名乗る」ことは解放のエネルギーになりませんか？　狭山差別裁判の集会に参加する人が黄色いゼッケンをつけて街を歩いている姿をみると、正直すごいなと思いますよ。

あれはすごいね。だけど、強制的に名乗らせたばかりにトラウマになってしまった人もいるよ。「名乗る」か「名乗らないか」、つまりカミングアウトするかしないかは、個人の自由でしょう。他者の秘密を暴露するアウティングに対する批難が、いま社会的になされているよね。

そもそもマジョリティである一般地域の側は、自分が何者であるかを問う必要がないでしょう？　無意識でいて許されるわけだよ。

ところがマイノリティの部落民は、それを問われたくないのに説明させられる。かつての「部落民宣言」からかんがえてみよう。

2　部落民宣言

被差別部落は、少数点在型が主流だ。被差別部落が、たがいにアイデンティティで結びついていたのではなく、日常生活を送るために便宜的に一定の関係をとり結んで成立していた。それゆえ、その関係から外れている被差別部落は、たがいを知ることもなく、分断されて（して）存在していた。

部落民宣言はおそらく70年代からはじまった。たがいを認識していなかった被差別部落の児童生徒が、ある日、教師たちに一ヶ所に集められ、被差別部落民であることを告げられた。

そこではじめて、他地域の被差別部落民と出会い、おたがいが「きょうだい・しまい」であると教えられた。児童生徒は部落問題研究会や部落解放研究会に動員され、みずからが部落民であることを宣言するよう、もとめられた。「なんかしんどいことあるやろ。言うたらんかい」というのには参った。

そのとき、まぎれもなく日本人の一員といい渡されたにもかかわらず、持ち込まれたアイデンティティは日本人としてのそれではなく、「被差別部落民のアイデンティティ」だった。そしてこのとき、マイナスイメージの「宿命」を負わされた受難者として、位置づけられた。

3 〈語ること〉でつくられた被差別部落民像

――人権学習の場で被差別体験が語られるとき、うけとめる側が「受難者」とみなすのでは? 被差別体験が綴《つづ》られた感動する本もありました。それがよくないとは思えないんですが。

それにはわたしも感動をうけたよ。わたしが問いたいのは、差別した加害者側にたいするとりくみを、なぜもっとしないのかということ。

いじめの問題とおなじで、いじめは、いじめた側の問題でしょう? 加害者にたいして、どんなとりくみがされたのか、きちんと点検されるべきでしょう。

差別により自死に追い込まれた生徒もいた。だが、差別による自死はめったに表面化しない。

差別をうけた児童に寄り添ってささえた教師もたくさんいたが、同和(解放)教育は、差別する側の再教育より、差別される側である部落出身の児童生徒の〈自立〉への教育を重視してきたとわたしは思っている。

「おまえは部落出身者なんだから」といって、泣き泣き抵抗する子どもをなぜ集会（解放奨学生集会）に連れていかなきゃならない？　差別したガキを集会に連れてこさせて、教育すべきでしょう。中央融和事業協会の山本政夫だって、差別をうけて何度も転校しています。故郷を離れて上の学校に入学したはいいけれど、そこでまた郷里の奴に会う。そして「あいつは部落だ」とふりまかれた。山本自身も耐えがたい思いをしてきたと思う。
出身者の児童生徒や保護者は、他人にさらしたくない歴史も〈解放のため〉に〈語ること〉がもとめられた。キリスト教会の司祭や牧師が信者に告白をさせたように。ここに権力関係が発生しているんだよ。

過去から現在につづく受難の歴史をくりかえし〈語ること〉は、水平社宣言との相乗効果で、受難の〈神聖化〉をもたらした。

意図せざる結果とはいえ、受難史を〈語ること〉による〈神聖化〉が、ネガティブな被差別部落民像を増幅させたと、わたしは感じている。

児童生徒らが〈語ること〉は、悲惨な差別、歴史的貧困、身分の解放という枠組みの文脈のなかで、存在の場所を広げた。

4　マイノリティの文化

――「受難の歴史」とかかわって伺います。「門付け」や「春駒」を明治政府は禁止しています。その過程をみると、「部落の文化は奪われた」とはいえませんか？

「門付け」は、家々をめぐり、門先で祝詞《のりと》や唄と舞を演じ、それへの対価を稼ぐ労働だった。「春駒《はるこま》」は、たいていは親子で、正月と旧正月に演じられた（だから児童労働だ）。踊り手は小さな木製の馬頭をもち、唄い手に合わせて舞う。唄は、家内安全や繁盛祈念の祝詞からなる。それらは、近世の被差別民の（副）業としてあった。あなたがいうように、１８７６年、明治政府は「門付け」を禁止した。芸（人）は登録制となり政府の統制下におかれた。こうした禁止と統制だけをみれば、はく奪ということになる。

――「春駒」の復活など、各地の被差別部落でとりくみがはじまっています。「竹田の子守唄」

の元唄のように、つらい労働をひとときでも和らげるため、部落の女性たちが生活の中で歌い継いできた唄も紹介されています。

それらのとりくみが、差別の撤廃に理解を寄せる人びとに共感をもって迎えられていることはたしかで、「春駒」は、1980年代の解放運動のなかで、「部落に伝わる伝統芸能」として文化的な意味づけがなされ、その復活がはじまっている。

ただし、門付けの音曲は、物語の構成やスケール（音階）などの構造からみて、じっさいには日本に一般的なもので、被差別部落に固有のものとはいえない。

被差別部落の伝統芸能が「日本民衆文化の原郷」といわれてきたけど、ほんとうにそういえるのだろうか？　それは、多様な被差別部落民にたいして、「部落民とはこのような存在だ」という、ステレオタイプの枠組みをあたえることになりかねない。そもそも「原郷」という言葉もくせ者で「洗練されない物事のルーツの息づく地域」という意味。

部落を見下していると思うね。

被差別部落として認定された地区数は4500余りあるけれど、そのなかでどれほどの人が、門付けとかの「伝統芸能」にかかわっていたんだろうか。

第一、被差別部落にもっとも多い職業は農業でしょう。農業従事者にとっては、農業が「生の営みの基底をなす」ものになるはずで、「伝統芸能」だけをもって被差別部落を理解しようとしても、木を見て森を見ない喩《たと》えにあるように、2百万人を超える被差別部落民の理解には及ばない。

あなたは、ビリー・ホリデイの『ストレンジ・フルーツ』っていう歌を知っているかな？

――ええ、ビリー・ホリデイの代表曲とされる『奇妙な果実』（1939年）ですよね。

アメリカ南部では、白人による黒人へのリンチ暴行は日常茶飯事だった。リンチされた黒人の死体が木に吊り下げられている。それを歌った。

「南部の木は奇妙な実を付ける／葉には血が流れ、根には血が滴る／黒い体は南部の風に揺れる」

ものすごいメッセージだ。ビリー・ホリデイの鬼気せまる歌声をぜひ聴いてほしい。

彼女は44歳で亡くなっている。自宅で倒れ、昏睡状態で病院に運ばれたけど、黒人であるがゆえに医師に診てもらえなかった。

ひるがえって、門付けの「春駒」や「ほやま」「大黒舞」が表現しているものはなんだろうか。部落民の感情や社会意識をどこまで表現しているのだろうか？

それが、わたしからの問いです。


——だけど、芸術や芸能をどう鑑賞し、解釈しようと自由でしょう？　受難の物語として受け取ってはダメなんですか？


わかっちゃいないな。わたしがいうのは、そこに解釈の枠組みがあたえられてしまっていること。芸そのものじゃなく、「受難」のストーリーをともなわずして鑑賞が成立しないということをいっている。

たとえば『星影のワルツ』という歌謡曲があるよね。一時期、部落出身者が作詞したものとされた。ある部落出身者がメディア関係者に、自分が作ったが著作権を売り渡したと嘘をついた。

しかたなく別れることが恋人のためになるという悲恋物語は、岡林信康の『手紙』（1969年、部落出身の女性が結婚差別で身を引く様子を歌った）とオーバーラップして、結婚差別を連想させた。わたしもエッと思ったよ。
受難史と虚構が結びつき、「真実」として流布された。それを検証しようと思えばいつでもできたのに、受難を好む「知」はそれをしなかった。

――受難を好む「知」とは？

みんな受難の物語が好きでしょう。メディアもそれに飛びついた。運動体の内部からも事実を発信すべきだったが、しなかった。
同情から部落問題に入っていくことをダメとはいわない。でも、情緒でとどまっていちゃいけない。受難の神聖視は人を思考停止させてしまう。
今日、厳然と存在する部落差別を、客観的に、理論的に検証していく作業をすすめていかないとね。

――では、「奪われた文化を取り戻す」というのはまちがいですか？

そうはいっていない。日本帝国主義は、強大な軍事力を背景に、朝鮮民族の言語や文化をはく奪した。アイヌ民族の言語や文化をはく奪し、琉球人の言語や文化、価値観や生活様式、慣習をうばった。

被差別部落の場合、朝鮮民族やアイヌ民族、琉球人がうけたと同様の「はく奪」があったわけではなく、同列にかたることはできないよ。

なぜなら部落民は、本国では被差別者であっても、植民地および他民族にたいしては強大な軍事力の側にあった。男性は戦場で他者を殺戮《さつりく》する軍人として、女性は銃後を守る母性として訓育されてきたのだから。

むつかしい言い方になるが、自分たちの解放運動が、他者を抑圧する植民地宗主国の中で展開されていたこと――この反省をぬきに、在日韓国・朝鮮人やアイヌ民族、琉球人の「はく奪された文化」の回復をかたることはできない。

――被差別部落民は、在日韓国・朝鮮人やアイヌ民族、琉球人にたいして、抑圧者としての立場にあることを忘れてはいけないというのはわかります。だけど……。

一般の日本人は植民地犯罪の責任を負うべきだけど、部落民は別の世界にいるっていいたいのかな（笑）。

部落民は異文化のカテゴリーにある人びととされ、（多くの）部落民もそれを引き受けてきた。日本人一般の文化との〈差異〉を強調し、「ふつうの日本人とちがう」という自己を立てることが、戦争責任をうやむやにすることに利用されることを、わたしは懸念《けねん》しているんだ。

もうひとつ、世界的には、新植民地主義やオリエンタリズム（欧米の植民地支配を正当化する差別的思考様式）への批判は、厳しくなされるようになっている。

そうした世界の思想的水準にてらしても、「創造された伝統[註1]」にもとづいて「一般的日本人とのちがい」を強調するのは、厳しい再評価にさらされると思うんだ。

＊註1　創造された伝統　イギリスの歴史家エリック・ホブズボームは「人びとが、昔から伝わってきた伝統や文化だと考えているものの多くは、19世紀以降に、国民的な文化統合を図ろうとして人為的に作り出されたものである」と語っている。『人種差別』の著者アルベール・メンミや『想像の共同体』の著者ベネディクト・アンダーソンの理論においても、伝統的に見えていたものが実は近代の産物であるとか、国民意識がいかに構築されたのか、差別の「原

因」とされるものが実は架空であることが説明されている。

5　部落問題と戦争責任

――戦前の水平社の戦争協力について、総括がなされていないという批判がありますよね？

そうだね。敗戦後の部落解放運動は、植民地主義にかんしてあまり責任を問うことなく再出発した。また松本治一郎（1887―1966年　部落解放同盟初代委員長）の戦争責任をめぐっても明快な態度をしめしていない。

1949年1月、戦争協力者として公職追放されたさい、松本治一郎を擁護する記事〔＊1〕が掲載されたが、それは事実を検証したものではなかった。

また松本治一郎自身も、アジア諸国への紀行文の中で「われわれ社会主義者はこの戦争に反対したのであります」〔＊2〕とのべた。

だが、これは事実に反する。反戦を貫き、獄死した共産主義者・社会主義者もいたが、それは松本とはちがうグループの人たちだった。

「仕事の為には汗を流せ、人のためには涙を流せ、御国の為には血を流せ」

「お互は飽くまで米英を打倒し、アングロサクソンの世界制覇を覆滅《ふくめつ》すべく、一億一心国を挙げて老も若きも鉄火の一丸となり、如何なる困難の中にも突入し且つ此れを突破して、必勝不敗の態勢を完成せねばなりませぬ」


——それは、だれの言葉ですか？


１９４２年の翼賛選挙で出馬した松本治一郎の選挙公報からの引用だ〔＊３〕。日中戦争がゆきづまった状況の１９４０年、挙国一致の戦争指導体制として、すべての既成政党を解散し、大政翼賛会が創立された。そのもとでおこなわれたのが、１９４２年の翼賛選挙だった。

歴史家の金静美《キムチョンミ》〔註1〕は、水平運動批判の大著を著したが、解放運動はこれにまともに答えず、ほぼ無視している。いちばんよくないと思うのは、批判を受け止めて、真摯《しんし》に答えようとしなかったことですよ。

敗戦後の部落解放運動は、発刊当時の雑誌『部落問題研究』をみれば、その雰囲気がよくわかる。

日本が敗戦を喫し、連合軍が勝利したことを手放しで喜んでいるが、戦争責任の問題にまともに向き合ってはいない。

日本史研究者で、部落解放運動に参加し、影響力をもった井上清〔註2〕に至っては、明治維新を「民族としての輝き」と公言して恥じなかった。

——封建制度を打ち破った明治維新はすばらしいと称賛したわけですね。アジア侵略により何百万の命が奪われ、植民地支配の犠牲になった人びとをどう考えているのですかね。

日本人を戦争にかりたてた国民意識がいかにつくられてきたのか。知識人が転向し、沈黙していくプロセスを分析した丸山眞男《まるやままさお》〔註3〕は、一時期、明治初期の部落問題にふれつつ積極的に論考を書いている〔＊4〕。

いわゆる差別の解消を命じた1871年の太政官布告に道を開いた、加藤弘之《かとうひろゆき》（1836—1916年、1890年、東京帝国大学第二代総長）という官僚がいる。天賦人権論を日本に広め、「非人えた廃止」の意見書を出すなど、明治期の民権論とかかわるキーパーソンだった。

ところが1882年、加藤は『人権新説』を発表して、みずからが説いた天賦人権論を全否定、旧著を絶版にした。

――加藤弘之の行動の背景にはなにがあったのでしょうか?

まあ、ひとつの転向といえるだろうね。その時期に注目すると、加藤が180度転換した1880年ころは、明治政権が完全に力を掌握して、アメリカやドイツをおって帝国主義に転じた時期とかさなっている。

この時代、帝国主義を正当化するために盛んにもちだされたのが、ダーウィンの自然淘汰論を社会に当てはめて「優勝劣敗」をとくスペンサーの社会進化論だった。

加藤は、「貧小民」は貧困に陥っているだけでなく、はなはだしく知的水準が欠乏し、「強者」の地位をしめることはできないといって、社会進化論を支持した。

ルソーの啓蒙思想に共鳴して賤民身分の廃止を訴えた加藤弘之が、やがて近代国家にのみこまれ、帝国主義を賛美する『強者の権利の競争』をとくようになる。丸山眞男は、かれの変質を通じて、近代そのものを問い、明治初期の被差別部落の処遇について書こうとしたんだろうね。

*註1　金静美（1949年―）歴史家。『水平運動史研究―民族差別批判』（1994年、現代企画室）で、松本治一郎、西光万吉をはじめ全国水平社の戦争協力・侵略煽動・天皇制への屈服を批判。

*註2　井上清（1913―2001年）日本史研究者。部落解放運動にも参加し影響力があった。被差別部落には特定の職業が多いとのべ、身分と職業（賤業）、居住地が分かちがたく固定する「三位一体論」をとなえた。しかし、被差別部落が成立した要因は多様であり、「三位一体」の経過をたどっていない。また井上がいう「特定の職業」は皮革生産のことだが、それは限られた地域の、限られた被差別部落の、限られた人びとの職業である。

*註3　丸山眞男（1914―96年）政治学者、思想史家。『日本政治思想史研究』ほか。

6　水平社運動

――1922年の水平社宣言には「エタであることを誇る」という有名なことばがあります。

そう。重要なのは「エタであることを誇る」ということば。

わたしは、文化人類学者バブコックの「象徴的逆転」を援用して説明している〔＊5〕。

つまりそれは、支配的な政治・社会・文化の価値観や規範を、逆転し、否定してみせることにより、それに代わり得るものをしめすような表現行為のこと。

「吾々がエタであることを誇る得る時が来たのだ」という水平社宣言のことばが、「部落民」というネガティブなことばの「象徴的逆転」を実現した。それによって、言説が内面化し、「部落民」としての自覚がうまれたんだ。

「部落」以外のことばでは表現しえない存在、つまり「人間としての部落民」としてみずからを規定し、自尊心の核となった。

覚醒《かくせい》し、立ち上がった水平社運動は、全被差別部落民を代表するものではなかったし、運動も「燎原《りょうげん》の火のように」広がったわけではなかった。

だが、ネガティブにとらえられていた「部落民」を「人間としての部落民」として、思想的に価値逆転した。


――「人間としての部落民」の「自覚」は、融和運動の「自覚」となにが違うんですか？


自覚のちがいなんてほとんどないよ。なぜなら、「私は被差別部落民である」という事実は一つで、それに形容詞や副詞がくっつくだけだから。それがどのように使われるかの問題だ。

部落改善運動や融和運動で使われた「自覚」が、「天皇の赤子」としての自覚と結びつき、安価で優れた労働力として、侵略戦争にむかう兵士として、被差別部落民を訓育していったことは、5章でみたよね。山本政夫が唱えた「内部自覚」は、被差別部落を体制内にくみこんでいく「下からの権力」としてはたらいたわけだ。

おおむね、「自覚」が主要テーマにだされるときは、世の中はマズい方向にむかっているとかんがえたほうがいい。「自覚」もしばしば通俗道徳の同意語になっているからね。

——1900年代から20年代の部落改善運動は、「自主的」といわれるものの、警察が指導関与した形跡を著者は検証しています。それにのみ込まれない道はあり得たのでしょうか？

当時は、それが唯一の方法でしかなく、希望を託したいと思うのは当然だっただろう。モノがない、カネがない、一般の人たちとの関係も希薄だ。どうにかしたいという強い思いでまわりをみたら、その運動しかなかった。ぼくらは水平社を通り過ぎたあとなんで、そこから一般的な批判をするのは避けたい。

歴史的に、それにのみこまれない道はあり得なかったと思う。それにのみこまれた道を経験したからこそ、水平社がうまれたとかんがえるべきだろう。力量は未成熟だった。自分の怒りが何物なのかがよくわかっていなかったのではないだろうか。

ただ、無性に憤りを感じていたことは理解できる。

——国民融和をかかげる融和運動とはなんだったのでしょう？

融和運動は、どのように評価しても、より良き労働者として、被差別部落民を国家に動員した。この一点をもって絶対に許されない。

このとき、差別の責任を、部落民自身に帰する好都合の論理としてもちいられたのが、勤勉・倹約・忍耐・謙虚、自助自立という通俗道徳だった。近代史の中で、一瞬たりとも、国家が真に被差別部落民に寄り添ったためしはありませんよ。この点、現在の権力＝自民党にすり寄る無分別な解放運動の実態をみると嘆かわしくなるがね。

水平社運動のもっともすぐれた点は二つあると思う。

ひとつは、差別と資本的生産関係の上に立つ国家とのあいだに、深い連関があることを見抜いた点。もうひとつは、みじめさの逆転を思想的に確立した点だ。

しかし、水平社は偉大であっても、差別の撤廃には成功しなかった。だからこれを過大評価するのは避けたい。水平社をこえるためには、水平社を賛美していては不可能という意味でね。

7　差別糾弾と部落解放

——差別表現にたいする糾弾では、「差別語・差別表現にはそれにもとづく差別的実態がある」と主張されてきました。糾弾闘争が退潮していくのはなぜでしょう?　ここまでみてきたように、差別がなくなったわけではまったくありません。


差別への告発をやめたら、部落差別はないものとされる。

解放運動は、具体的な生活向上をめざす運動であると同時に、日本の思想状況にしっかりとコミットすることなくしては発展しない。その意味で、吉本隆明《よしもとたかあき》[註1]の部落差別発言を糾《ただ》すべきだったが、できなかった。

吉本隆明は、１９７０年代にみずからの影響がつよい党派の集会で、とんでもない発言をした。被差別部落を反社会的存在とみなして、部落解放運動が日本の左翼運動を停滞させている、といった。

——吉本さんは、国家の問題について積極的に発言してきた思想家ですよね。

吉本は、被差別部落民を、被差別の立場にあるがゆえにもっとも閉鎖的な人びとであり、それゆえ、ふつう以上に権力に迎合する「逆転の契機」をもつ人びとであり、彼／彼女らは「進歩的知識人を脅すことを商売にしている」〔＊6〕とまでいった。かれは、解放運動の思想的欠陥を衝《つ》いてきたわけだ。解放運動は、これに思想として回答をあたえるべきだったが、できなかった。

——思想的欠陥とは、侵略戦争に反対せず、戦争協力した問題を総括できていないという意味ですかね？

吉本の場合は、その経緯をくわしく知っていたかどうかも疑わしいよ。たしかなのは「部落民は遅れた粗暴な人びと」という偏見でみていることだ。

差別者にたいして、被差別部落民が抗議・糾弾するのは当たり前でしょう。ところが、吉本にとって、糾弾は脅迫とおなじというわけですよ。〔註2〕

被差別部落民にたいする、ちまたの下品な罵倒《ばとう》とおなじたぐいの、上品な進歩的文化人の差別発言にたいして、解放運動は徹底批判すべきだったが、できなかった。

今日のように部落解放運動が退潮したのは、モノを取れなくなったからだとはわたしは思わない。運動には浮き沈みがある。いったん達成された成果は、つぎの運動のモチベーションにはならないので、「夢よ再び」ということにもならない。

もし仮に、運動が強かったとしても、歯止めのかかり方はちがっても、いまの新自由主義に抗することは、むつかしかっただろう。

だが、現代思想に深くコミットしていれば、現状のようなこんな体たらくにはならない。世界を見渡すと、世界のマイノリティが抱える差別への糾弾は極めて厳しい。少し古いところではメンミ、近いところではエドワード・サイードや、ガヤトリ・スピヴァクが提起した問題（インドの寡婦殉死の慣習から「自分を語る言葉をもたない人」を検討し、知識人のあり方を問うた）に真剣に答えるのは、ある意味、命がけになる。サイードの提起したオリエンタリズム批判[註3]も、真剣に向き合うと、結局、みずからのオリエンタリズムに向き合わざるをえない。そもそもわれわれは、そういう厳しい状況にいる。吉本隆明（そして本稿ではふれなかった『同和こわい考』を書いた藤田敬一）は、結局、ぬくぬくとした生活に慣れ親しみ、被差別部落民に向きあうことが嫌いなだけの人なんだ。

＊註1　吉本隆明（1924―2012年）思想家。『共同幻想論』など著書多数。

＊註2　抗議・糾弾について　弱者やマイノリティからの告発は、厳しい。私自身が関わった印刷物への在日朝鮮人からの問題提起を受けたことがある。それは、戦前の新聞記事の再録に「不逞鮮人」の見出しがあったことだ。告発したのは高齢者だった。この記事は、これまで多く引用された内容であり、引用にあたり解説もつけた。それなくしては、当時の状況の説明はできなかった。しかし、その人には、この言葉そのものが受け入れがたいものであった。印刷物の配布を一時留保して、私は、もっともだと思い、知る限りの在日朝鮮人の団体すべてと、みずから議論をお願いした。7団体ほどあったと記憶している。

＊註3　サイードが提起したオリエンタリズム批判　エドワード・サイードは『オリエンタリズム』（1978年）で、西欧が中東に対して抱くイメージから学術的理解に至るまで、西欧に劣った存在としてのオリエント（中東）という、確信的かつ無意識の差別が固着していることを、明らかにした。西欧のオリエント支配は、そのようなオリエンタリズムについての「知」が、権力と蜜月状態にあることに起因する。この議論は、日本人の差別的なアジア認識（アジアの植民地化、琉球処分、アイヌへの抑圧など）への援用が、学問的にも実践的にも可能とされる。

8　90％の未組織の人びとをフィールドに

この章の初めのところで、カミングアウトについて話したよね。部落解放運動に参加している人はさまざまな団体あわせて、ピーク時には最大20万人いたと仮定しよう。とすると、残り180万人（90％）の人たちは、なぜ運動に参加してこなかったんだろうか？

――正直いって、ほとんどかんがえてこなかったです。被差別部落を離れた人たちも多いですよね。結果として部落解放運動に参加していない人が9割。ひとくくりにはできませんが、なぜ参加しなかったんでしょうか？

類型はいくつかある。

1つは、思いっきりお金持ち（失敗した人もいるけど成功者も多い）。

2つは、利権があって参加していたが利権がなくなって運動を離れていく。

3つは、部落解放運動の情報にまったく接しなかった。
4つは、情報はあったけど戦後から今日まで部落解放運動にふれることなく生きてきた。
5つは、「勤勉」をエートスに自分たちで何とかして生きてきた。

わたしは5つめの「勤勉」をエートス（生活倫理）に何とか生きてきたという人が多かったと思う。差別から逃れ、国や他人にたよらず勤勉にはたらいて、子どもに高い学歴もあたえられた。物心ともにゆたかさを達成した部落大衆は多いけれど、人生の重大岐路にさいしては困難がある。

部落解放運動に加わらなかった人たちに共通するのは、結婚（結婚差別）にさいしてどう対処したかということ。（わたしが知る地方の被差別部落では、一般地域との結婚はゼロないし1割）。

一般地域の人との結婚は、地元を離れることで可能にはなる。しかし、出自の告白という重たい現実から逃れることはできない。

――運動に参加している人であっても、自分の子どもが年頃になると心配になるのはおなじでしょうけれど……。

1965年、同対審答申がだされて、特措法により、多くの事業が受注された時代は、日本経済も右肩上がりだった。ゆたかになったいっぽう、差別がみえづらくなって、より複雑になった。その施策にも終止符がうたれた今、地域社会の小さな被差別部落に生きる人びとは、どうしているんだろうか。

被差別部落民が自堕落だとか不道徳だとか怠けものだとかのスティグマがあるが、かつては「仕事よこせ」運動で雇用がもたらされたものの、今、人手不足が深刻となっても、雇用は制限をうけている。はたらけないから怠け者にみえる。職がなく、ギャンブルに走ってお連れ合いに怒られ、DVにはしる人もいる。

近代に構築された部落差別が、新自由主義の現代において、どのようにあらわれているのか。それは、解放運動に参加している地区の人びとをみるだけでは、わからないと思うんだ。

わたしは、部落解放運動に参加しなかった被差別部落に注目し、できる限りその被差別部落を研究のフィールドにしてきた。また、９世帯以下の被差別部落の研究もしてきた。

じつは、１９７０年代初期に、全国的に被差別部落実態調査が実施されたんだが、その対象となった地域の中には、未組織の部落や少数世帯の部落も含まれていた。

それらの調査結果を通していえることは、そこには、従来の部落問題研究が構築した言説とはちがう世界があったということ。それは紛れもない事実だ。

いい換えると、従来の研究は本質主義——部落は貧困であるとか、食肉や皮革を主たる産業・職業としているといった典型像——を振りまいたのだ。

未組織の部落では、少なくとも被差別部落民のアイデンティティが確認できないからといって、みじめな暮らしに甘んじているわけではなく、生活の向上をめざして頑張る人たちがいた。自力で学問を積んで、大学院に進学した人もいた。企業の経営者として成功した人もいた。もちろんその逆の人もいたことは認める。

しかし、被差別部落民は、誰もが厳しい差別のなかで生きている。だとするなら、そうした人びとが、なぜ、その状況にいるのかを研究する意味はおおきい。

はっきりいうと、１９６５年の同対審答申にあたって調査された被差別部落は、当時の審議会メンバーが依頼しやすい地域だった。その傾向は、いまに至るまで続いている。

研究者が調査しやすい地域、それはつまり、部落解放運動がパイロットになりやすい（解放運動の組織があり運動関係者が案内しやすい）地域なのだ。したがって、調査結果もそれに引きずられる。

解放運動にそっぽを向いた人たちを調査するのは、ほんとうにむつかしく、時間を要する。しかし、それを通してはじめて、被差別部落とは？　被差別部落民とは？という疑問に答えることができるのではないだろうか。

9　人間の解放について

——解放運動では、差別を禁止する法律がもとめられてきました。今の社会では、差別の禁止がいわれている一方で、平然と差別がおこなわれている。それがとてもイラ立つんです。部落解放は、市民的権利をもとめる運動とどういう関係にあるのですか？

解放運動は「市民的権利を獲得する」という観点で主張してきた。

悪意をもって差別する人が、差別したくてもできないしくみと法律をつくることは大切だ。だけど差別を犯罪として罰する法律ができたとしても、それは行為にたいして処罰するのであって、法律で「人の心（意識）」をかえることはできない。

ちまたでおこなわれている在日韓国・朝鮮人にたいするネトウヨのヘイトスピーチ（差別的憎悪煽動）を法で禁止したとしても、かれらの心をかえることはできない。わたしはヘイトスピーチを禁止する法律も、部落差別をする奴を処罰する法律も必要だと思う。そいつらが公共圏でする差別や行為を抑止するためにね。

だけど、「差別する人の心」を法律でかえることはできないんですよ。

——では啓発は？

啓発には、基本的に期待できないね。

たしかに、人間は自分自身をかえることができる。だけど、啓発で社会全体をかえるのはむつかしい。

かつて、トッパン印刷という世界的な企業の従業員が、デザイン表現にかんする講演で差別事件を起こした。四本指がどうの、という内容だった。その場に私がいてね。話し合いになった。事件を起こした人は、家族にもそのことを伝え、解放運動と向き合った。で、その後その人は、基本的人権擁護の活動家になった。これは啓発ではなく、糾弾闘争によってなんだ。啓発で「差別をしないようにしようね」と、いくら呼びかけても、その効果は知れている。内発的に差別と向き合うように人をかえることは、啓発ではできない。

――1章で〝開かれた問い〟としていた基本的人権と人間の解放についてうかがいます。

基本的人権は、差別を抑止する一定程度の武器にはなる。

でもね、「基本的人権を守れ」といっても、それは基本的人権を認めている人には効力はあるけれど、ネトウヨのように人権を認めていない人にはなんの効力もありません。「基本的人権？　なにそれ？」というだけの話。

道路交通法とおなじですよ。道路交通法をつくったからといって違反する奴はなくならなかったでしょう？　抑止にはなるけれど、けっきょく違反者を処罰するしかない。

基本的人権といえば、思想・良心の自由、集会・結社の自由、私有財産の自由、職業選択・結婚の自由、政治的権利などいろいろある。そもそもが、ブルジョワ市民社会の構成員としての権利だから、国家権力に介入させないということが根本にある。

だから当然、ネトウヨだって市民。したがってかれらにも基本的人権（政治的自由）はあるわけだから、選挙に出馬する。公職選挙法ではそれを取り締まれない。かれらは堂々と排外主義的な「選挙演説」をしている。

戦術的に基本的人権を武器に闘うことはあるでしょう。だけど、基本的人権がそもそもブルジョア的権利であることをわすれて、不用意にまた無用に、「人間の権利」だと誤解する人が多いんだ。

――部落解放運動では「人間の解放を求める」といわれますが、著者は、「解放」をどのようにかんがえているんですか？

解放は、ヒューマニズムや優しさの延長にはありませんよ。

水平社の人たちが気づいたように、そのヒントはマルクスにある。社会環境、人間関係など差別を必要としない状況――そのもとで人間の解放はあると、かれはいうんだ。

人権の思想や、自由と平等の理念は、美しい。

けれど、現実の社会（市民社会）はそれが実現されていない。

それはなぜなのか？　そのことをときあかそうとしたのが、マルクスだった。

『資本論』[註1]は貧困と差別が深刻な現代そのものを記述している。

マルクスは、自由と平等の理念が実現される真に人間的な社会、差別を必要としない社会は、近代市民社会の先にあらわれるとかんがえた。つまり、政治的解放の先に、社会的解放をみすえていたということ。

人はよく「それは理想論だ」なんていう。しかし、理想を捨てて、ちょっと低いところの要求を実現して、個人の尊厳が守られるのだろうか？　高い理想をもたない、つまり思想が貧困だから現実に迎合するんだよ。ある人からわたしは教えられた。どんな絶望的な状況下でも、希望を失わない人が生きて、解放を実現すると。


　あらゆる解放は人間界を、世の中のあり方を人間そのものに引き戻すことである。

政治的解放は人間を、一面においては市民社会の成員、エゴイスト的な独立的個人へ、他面においては公民、精神的人格へ還元することである。

（K・マルクス『ユダヤ人問題によせて』）

市民権が人間の権利と切り離されて、個別の人間がそのまま類的な存在であると意識され、自己の社会的な力を政治的な力と認識する思想に立ったとき、「解放」の思想があらわれる。

このなかに、解放の道筋がある。わたしはそう確信している。

＊註1　『資本論』第一巻は1867年、第二・第三巻はマルクスの死後、エンゲルスの編集で刊行。「労働力の商品化」を契機に、資本の運動が、社会の隅々を覆うメカニズムを明らかにした。封建社会の生産関係を壊して近代資本主義システムが成立するとき、身分制を打ち破って自由な人間になる形で市民（ブルジョア）が生まれ、他方でプロレタリア（近代賃金労働者）が生まれた。資本家は、労働者の労働力を商品として購入し、対価として賃金を払う。資本家と労働者の契約は、表面上、自由で平等であるように見えるが、その中に階級関係が埋め込まれていると、マルクスはかんがえた。人間の労働力を商品化する資本主義は、人間ではなく、資本が主体となった社会システムである。そこには必然的に、人間がモノ（資本・貨幣・商品）に支配される疎外が発生する。資本の運動は、労働者の賃金と社会の再生産費

を下げていく方向にむかうため、資本主義システムは、不可避的に貧困を生みだし、人間関係をも変質させる。

＊『ユダヤ人問題に寄せて』 1843年にマルクスが執筆した論文。当時のユダヤ人がプロイセンで、キリスト教徒とおなじように市民的権利を獲得して政治的解放を遂げようとした問題について、政治的解放と人間的解放を論じた。

参考文献一覧

1章

＊1　魚住昭『野中広務　差別と権力』2004年、講談社

＊2　木下正弘著、宮地正人校注『維新旧幕比較論』1993年、岩波文庫

＊3　島崎藤村『破戒』1906年

＊4　阿部謹也著『世間とは何か』1995年、講談社現代新書

2章

＊1　神石郡教育会『神石郡誌』1927年、『広島県神石郡教育界　復刻版1980』名著出版

＊2　乾武俊「被差別部落伝承文化論序説」(1)『部落解放研究』43号、1985年、部落解放研究所

＊3　部落解放同盟近田支部『あらためて解放の長途に起つ』1994年

＊4『広島県史近世資料編Ⅲ』1973年

＊5　藤木久志『刀狩り——武器を封印した民衆』2005年、岩波書店

＊6『広島県史近世資料編Ⅰ』1973年

＊7『広島県史近代現代資料編Ⅰ』1973年

＊8　三原市同和地区実態調査団『三原市における部落の実態調査』1973年、三原市

＊9　大日向純夫『近代日本の警察と地域社会』2000年、筑摩書房

3章

＊1　Price John, 1966 A History of the Outcast : Untouchability in Japan George Devos and Hiroshi Agatsuma, Japan's Invisible Race Cast in Culture and Personality

＊2　深谷克己『江戸時代の身分願望——身上がりと上下なし』2006年、吉川弘文館

＊3　平野雅章『和食の履歴書』1997年

＊4　松井章『環境考古学への招待』2005年、岩波

書店
＊5　薮田貫『国訴と百姓一揆の研究』１９９２年、清文堂
＊6　波平恵美子『ケガレ』１９８５年、東京堂出版
＊7　速水融『近世日本の経済社会』２００３年、麗澤大学出版会
＊8　上田武司「皮革の流通―福岡藩の皮革大坂廻送を中心として」『部落解放研究』１６４号、部落解放・人権研究所
＊9　『広島城下絵図集成』１９９０年、広島市中央図書館
＊10　町田哲『近世後期徳島藩における牛馬流通と藩政』「部落問題研究２０６号」２０１３年
＊11　大本敬久『触穢の成立』２０１３年、創風社出版
＊12　牧英正「近世大阪における被差別部落の歴史」『同和問題研究』3号、１９７９年、大阪市立大学
＊13　青木虹二・原田伴彦他編「安倍野童子問」『日本庶民生活資料集成』１９６８年　三一書房
＊14　小野武雄『江戸の刑罰風俗誌』１９９８年、展望社
＊15　中尾健次『江戸社会と弾左衛門』１９９２年、解放出版社
＊16　重松一義『日本刑罰史年表増補改訂版』２００７年、柏書房
＊17　総務庁『全国同和地区の概況』１９９３年

4章

＊1　中尾健次・文、西村繁男・絵『絵本もうひとつの日本の歴史』２００７年、解放出版社
＊2　茂原信生・松井章『草戸千軒町史跡出土の犬骨』１９９５年
＊2　松井章『明日を拓く　55号』２００４年、東日本部落解放研究所
＊3　「部落に生きる　部落と出会う」編集委員会編『東京の部落問題入門』２０１０年、解放書店
＊4　内田龍史「第2章　食肉業・食肉労働に関する授業実践にあたってのポイント」『部落解放・人権研究報告書　No.13　食肉業・食肉労働の授業実践に向けて』２００９年、部落解放・人権研究所
＊5　持田紀治『食肉市場三十年史』広島市経済局中央

食肉市場、1991年
*6 大塚製靴百年史編纂委員会『大塚製靴百年史』1976年、大塚製靴株式会社
*7 朝田善之助「部落産業振興の意義」1972年、『部落問題研究』第一号、1949年
*8 師岡祐行『戦後部落解放論争史』第1巻 1980年、柘植書房
*9 部落解放同盟中央本部『解放理論の創造―部落解放研究第一回全国集会報告書』1967年、および『解放理論の創造―部落解放研究第二回全国集会報告書』1968年、共に部落解放同盟中央出版局
*10 原田伴彦『部落産業の実態と問題点』1970年、部落解放研究所
*11 上田一雄『部落産業の社会学的研究』1985年、明石書店
*12 原田伴彦『被差別部落の歴史』1975年、朝日新聞社
*13 皮革産業沿革史編纂委員会『皮革産業沿革史』上巻、1959年、東京皮革青年会
*14 安藤精一『和歌山県皮革産業史』1979年、和歌山県製革事業協同組合
*15 部落解放・人権研究所編『部落問題・人権事典』2001年、解放出版社
*16 沖浦和光『竹の民俗誌―日本文化の深層を探る』1991年、岩波書店
*17 赤坂憲雄『東西/南北―いくつもの日本へ―』2000年、岩波書店
*18 加藤明、黒田明憲、石田涇源『竹細工に生きる―文化・歴史・物語』1990年、解放出版社
*19 加藤明「地域を支えてきた産業―『有限責任本郷信用販売組合』を中心に」『したたかに 生きるくらしに根ざして』1989年、広島県同和教育研究協議会
*19 加藤明「第5節 竹細工」『上下町史』1991年、上下町教育委員会
*20 部落解放同盟上下支部「竹細工の歴史から学ぶもの」『解放理論の創造』第7集資料編、1974年、部落解放同盟中央出版局

5章

＊1　大串夏身『近代被差別部落史研究』１９８０年、明石書店

＊2　福島町塗料作成委員会『福島町の歴史―したたかに生き抜いた先輩たちの記録』２００３年

＊3　部落解放同盟栃木県連合会『栃木県部落解放運動の歩み』１９９２年

＊4　東上高志『移行期の部落を行く』１９８９年、未来社

＊5　品田悦一『万葉集の発明―国民国家と文化装置としての古典』２００１年、新曜社

＊6　古田健二「広島県共鳴会について」『部落解放ひろしま』１９８９年、部落解放同盟広島県連合会

＊7　福島町一致協会『天鼓』１号、１９１４年、天鼓雑誌社

＊7　福島町一致協会『天鼓』２号、１９１４年、天鼓雑誌社

＊7　福島町一致協会『天鼓』３号、１９１４年、天鼓雑誌社

＊7　福島町一致協会『天鼓』４号、１９１４年、天鼓雑誌社

＊8　広島県『広島県部落状況』１９１３年、広島県内務部

＊8　広島県『広島県部落状況』１９２１年、広島県内務部

＊9　田中光「明治期郵便貯金制度の歴史的展開――大衆資金動員システム形成に関する試論」『ISS Discussion Paper Series J―170』２００８年、東京大学社会科学研究所

＊10　三原市同和地区実態調査団『三原市における部落の実態調査』１９７３年、

＊11　柳瀬勁介『社会外の社会・穢多非人』１８９１年

＊12　生田精「第一篇人事　第一章身分の事　第一款農工商獲穢多非人の部」『全国民事慣例類集』１８８０年、司法省

＊13　ミシェル・フーコー、渡辺守章訳『性の歴史I』１９８６年、新潮社

＊14　古田健二「復姓運動について」『部落解放ひろしま』創刊号、１９８４年、部落解放同盟広島県連合会雑誌社

＊15　高木侃「近世の名前――上野国の事例」『名前と

社会』２００６年、早稲田大学出版部
*16 杉山博昭『山口県におけるハンセン病対策の展開―無らい県運動期を中心に』２００６年、山口県史研究　第14号
*17 角崎洋平「二つの貧困対策―戦後創設期の社会福祉制度運用における羈束と裁量」『生存学研究センター報告17』立命館大学グローバルＣＯＥ「生存学」創世拠点、２０１２年
*18 山本政夫「融和運動における自覚運動の意義」『融和事業研究』１９２９年、中央融和事業協会

6章

*1 渡辺治「日本の新自由主義　ハーヴェイ『新自由主義』に寄せて」２００７年、HARVEY David, 2005『新自由主義』
*2 Bertrand Marianne and Mullainathan Sendhil, 2004, Are Emily and Greg More Employable than Lakisha and Jamal? A Field Experiment on Labor Market Discrimination, The American Economic Review, Vol. 94, No. 4,
*3 佐野晋平「人的資本とシグナリング」『日本労働研究雑誌』No. 657　２０１５年、労働政策研究・研修機構
*4 日本労働組合総連合会『れんごう制作資料２３５』２０１７年
*5 片岡明幸「身元調査を必要としない社会を」『部落解放』６８２号、２０１３年、解放出版社
*6 松本康二『探偵業の裏と表』２０１７年、財界さっぽろ
*7 福山市『人権尊重のまちづくりに関する市民意識調査報告書（概要版）』２０１２年、福山市市民局まちづくり推進部人権推進課
*8 齋藤直子『結婚差別の社会学』２０１７年、勁草書房
*9 日本経済新聞　１９８１年1月
*10 広島県『広島県部落状況』１９２１年、広島県内務部
*11 地域改善対策協議会『同和問題の早期解決に向けた今後の方策の基本的な在り方について（意見具申）』１９９６年

*12 磯村英一・福岡安則『マスコミと差別語問題』1984年、明石書店、
*13 森達也『放送禁止歌』2001年、解放出版社
*14 大串夏身『近代被差別部落史研究』1980年、明石書店
*15 『2005年——福山市人権・同和問題についての意識調査報告書』福山市市民部人権推進課
*16 尾道市『人権に関する市民意識調査分析』2003年、尾道市市民生活部人権推進課

7章

*1 『部落問題研究』第二号、1949年3月
*2 松本治一郎「全アジア水平運動のために ビルマからインドへ (1)」『部落』40号、1953年、部落問題研究所
*3 髙山文彦『水平記』2005年、新潮社
*4 丸山眞男「加藤弘之著、田畑忍改題『強者の権利の競争』」丸山眞男集第二巻、1943年、岩波書店
*5 バーバラ・A・バブコック、岩崎宗治ほか訳『さかさまの世界—芸術と社会における象徴的逆転』2000年、岩波書店
*6 吉本隆明「『世界—民族—国家』空間と沖縄」『敗北の構造 吉本隆明講演集』1972年、弓立社

おわりに

私の文章は難しいとよくいわれる。たしかに下手ではある。しかし、難しいとは思わない。そういわれるといつも、読者の読む意志が弱いからではないかと思うようにしている。それは、私の傲慢さに発している。しかし、モナド新書『被差別部落の真実』では、その傲慢を少しばかり反省した。にんげん出版の多井みゆきさんの助言もあり、高校生にもわかるようにやさしく述べようと心懸けた。それでも、「わかっちゃいないね」などと、我が本性が垣間みえる。

やさしくといっても、井上ひさし流の「むずかしいことをやさしく、やさしいことをふかく、ふかいことをゆかいに、ゆかいなことをまじめに」とはならなかった。

できればそうありたいと願うが、それはできない。

部落問題研究がブームであったころ、お気楽なことに、ある研究者が、「部落問題は暗すぎる。もっと楽しく語るようにしなければ」と真顔でいったことがある。その場に居合わせた者の顔色が一斉に変わった。それから時は流れたが、どのようなデータを見ても、この問題を楽しく語りえない状況は、不変だ。

そうではあるが、部落差別は表面上、わかりづらくなっている。被差別部落外の一般地域の人びとが、被差別部落がどのようなところか、そしてどのような人びとが住んでいるのかについて興味をもたれるなら、ぜひ「現地」をご案内したい。そして拍子抜けしてもらいたい。

現在の被差別部落は、日本のどこにでもあるコミュニティとほとんど変わりがないからだ。解説なしには、そこが被差別部落だとはわからない。住んでいる人のほとんどがビジネス・パーソンであり、農村ではどのようなかたちにせよ農業に関与している。屠畜も製革も製靴も竹細工も広く存在しない。日本の文化・芸能の原郷でもない。そこを勝手に詐取して「路地」と呼ぶ人もいるが、それは中上健次の小説世界のことで、現実世界ではない。

農村の被差別部落の脱貧困のしかたを調査すると、それは日本の農家が一般的に実践した方法であり、富の蓄積も、やはり日本人の一般的手法であった。両者の生活維持の方法的なちがいは何か、と質問されると、答えに窮する。

もちろんちがいはある。平均では所得は低く、個人資産も少ない。耕地面積も少なく資本も小さい。はたらく環境はより不利だ。いっぽうで、驚愕の資産家もいるし、ビジネス・パーソンとして成功した人もいる。

そうした人たちも含めて、貧富の差とは関係なく、結婚や就職、ビジネス・チャンスに巡りあうごとに差別を感じるし、じっさいに差別を受けている。それがちがいだ。

ちがいはほかにもある。それは、何かにつけて被差別部落民は調査の対象だ（った）が、一般民は、差別事件を起こしたか、無作為抽出の公的調査以外、あまり調査の対象とはならないことだ。これをマジョリティの無標性と説明するらしい。

それにたいして有標の被差別部落民は、1950年ころから、本文でふれたとおり、実態調査や聞き書きを科学の名のもとに受けてきた。私はヒアリングを内心笑っていた。「また、嘘を言いようる」と。それらは、部落民アイデンティティやエスノメソドロジー（事例研究や会話分析）などの議論のおかずになった。彼や彼女たちの〝嘘〟は、調査者にどう答えれば喜ばれるかを知っていたからで、それは自分がより認められたいからでもあった。そして、いつも自分たちがモルモットになることへの密かな抗議を意味した。だが、抗議は叶わなかった。

やがて、闇夜に潮が引くごとくの感が部落問題研究に訪れた。研究者が被差別部落の資料を持ち帰ったまま音沙汰なしになったこともあった。退潮は、権力の問題を基底にすえた研究に著しい。そして、同和対策による教育や環境改善事業に若干の成果があった以外は、差別構造の根幹に変化は起きなかった。これまでの部落問題研究はいったい何だったのか、と思う。

私は、ある研究紀要に投稿して「今どき、部落問題ですか」と査読コメントをもらったことがある。今どきもクソもない。逃げることは叶わないし、また絶対に逃げない。

私は、この立場を共有し、権力の問題を基底にすえた研究者の出現を望んでいる。つまり当事者である被差別部落民の若者に、自分たち自身を研究してほしいのだ。当事者には見えづらいこともある。しかし当事者でないと見えないことの方が多い。研究とは、ある事柄を対象化することだ。自己を対象化することは容易ではない。

私は被差別部落の生活に根ざして被差別部落を対象化し、それを突破する研究者とともに学びたい。部落差別が内包する世界史的普遍性に迫りたい。もちろん幾人かの被差別部落出身の研究者がおられるし、他分野で活躍されている研究者もおられる。

部落差別の現在を『被差別部落の真実』において、対談形式で編集することに同意したのは、この思いからだ。何度か上京して、長時間の査問（おっと失敬！）、質問を受けた。私の知識の曖昧さに気づかされ、勉強し直すこともあった。

あらためて気づいたことがある。部落問題の研究は楽しい、ということだ。楽しく語ることなどまっぴら御免だが、自己について学ぶことは実に楽しい。それが真実だ。

本著は、にんげん出版の小林健治社長、編集者の多井みゆきさんのご厚意と熱意ゆえに世に出た。また不快な調査に応じていただいた方々の苦痛の上に成り立つ。本著は学術書ではないが、学術研究助成事業平成25年度 基盤研究（C）25380733、平成29年度挑戦的研究（萌芽）17K18601によって得られたデータによるところが多い。

皆さまに、あらためてお礼を申し上げたい。

2018年8月

小早川明良

著者紹介／小早川明良（こばやかわ　あきら）
広島県在住。特定非営利活動法人 社会理論・動態研究所 理事・研究員。
著書に『被差別部落像の構築　作為の陥穽』（にんげん出版，2017)、編著に『広島県共鳴会機関紙「共鳴」復刻版』『広島県地域の部落史・部落解放運動史年表草稿』、論文に『Orientalism in Buraku Studies: Through the examination of outcaste』(2021)、『部落差別と生産性言説批判――就職差別に抗して』(2021)、『Japan's Modernization and Discrimination: What are Buraku and Burakumin? 』(2021)、『被差別部落の成立と資本主義：彼らはどのように被差別部落民になったか』(2019)、『欧米人研究者の部落問題研究とオリエンタリズム：アウトカーストと被差別部落』(2019)、2019 年 12 月『敗戦直後の部落問題研究批判―丸山眞男を時代診断の手がかりとして―』(2017)、『被差別部落と教育に関する「定説」の批判的検討―いわゆる部落学校と権力のテクノロジー』(2110)、『融和運動における「国民意識」と「自覚」―初期山本政夫の思想を巡って』(2009)、『山本政夫研究：その問題意識』(2005)、『広島県水平社と反軍闘争』(2003)『Quiet Buraku Discrimination: The Reproduction of Discrimination under Governance of Neo-liberalism』(2016)『A Critical Study against Discourse of "Buraku Industry"』(2016)『The Creation of Another form the Others. An Analysis of a Small Buraku in a Precarious Community』(2017) ほかルポ・エッセイ多数。

モナド新書 011

被差別部落の真実
——創作された「部落の仕事と文化」イメージ

2018年10月1日　初版第一刷発行
2021年12月10日　初版第三刷発行
著　者　小早川明良
発　行　株式会社にんげん出版
〒181-0015
東京都三鷹市大沢4-20-25-201
Tel 0422-26-4217　Fax 0422-26-4218
http://ningenshuppan.com/
装丁・本文組版　板谷成雄
印刷・製本　中央精版印刷㈱

ISBN 978-4-931344-46-4　C0236

モナド新書の刊行に際して

「なぜ私はここにいるのか?」自分にそう問いかけて、たしかな答えを返せる人はいないだろう。人は誰しも生まれ落ちる時と場所を選べず、そのときどきの選択とあまたの偶然に導かれて今ここに至っているにすぎないからだ。つまり私たちは必然的な存在ではない。にもかかわらず、こうなるしかなかったという意味で、私は世界で唯一の存在である。

そのようにして在るかけがえのない〈私〉は、ライプニッツのいうモナドとしてとらえることができよう。ところがモナドには窓がないという。そのため、たがいの魂を直接ふれあわせることはできず、それぞれが孤立したまま活動を続けていくしかないのだと、ライプニッツはわれわれを突き放す。それでもモナドは自らの経験を捉えなおそうとして言葉を表出する。言葉は頭の中にものを考えるリズム感覚と広い空間を作り出し、モナドはたがいが表出した言葉を介して交流してゆく。

ここにモナド新書として刊行される書物たちもまた、孤独な歩みのうちに自らを鍛え、掘り下げられた言葉によって人々につながろうと意欲するものである。ただし、つながることイコール融和ではない。対立や矛盾を包み込むのではなく、読者を個別に状況に突き返し、そこでの闘いを励ますためにこそモナド新書は編まれる。